AKADEMIE DEUTSCH B1+

Zusatzmaterial mit Audios online
Band 3
Deutsch als Fremdsprache

Autorenteam:
Sabrina Schmohl
Britta Schenk
Sandra Bleiner
Michaela Wirtz
Jana Glaser

Unter Mitarbeit von
Heike Fahl
Thorsten Heinz
Melanie Köllen
Carolin Renn
Michael Stetter
Anette Wempe-Birk
et al.

Fachliche Beratung:
Sprachenakademie Aachen

Hueber Verlag

IMPRESSUM

Audios zum Zusatzmaterial

Sprecherinnen und Sprecher: Sandra Bleiner, Coralie Heilmann, Ingrid Schäfermeier, Helmut Sosnitza et al.

Produktion: Tonstudio 42 signals GmbH, Aachen

Die Audio-Dateien finden Sie in der *Hueber Media*-App und unter:
www.hueber.de/akademie-deutsch

Der Verlag weist ausdrücklich darauf hin, dass im Text enthaltene externe Links vom Verlag nur bis zum Zeitpunkt der Buchveröffentlichung eingesehen werden konnten. Auf spätere Veränderungen hat der Verlag keinerlei Einfluss. Eine Haftung des Verlags ist daher ausgeschlossen.

6. 5. 4. | Die letzten Ziffern
2029 28 27 26 25 | bezeichnen Zahl und Jahr des Druckes.
Alle Drucke dieser Auflage können, da unverändert, nebeneinander benutzt werden.
1. Auflage

Design: ka:en (Tina Nordhausen), Aachen; Daniela Vrbanovic, D.A.N.dock, Aachen
Umschlaggestaltung: Daniela Vrbanovic, D.A.N.dock, Aachen;
Sieveking Agentur, München
Layout und Satz: Patryk Szafron, 42 signals GmbH, Aachen; Sieveking Agentur, München
Redaktion: Sabrina Schmohl, Britta Schenk; Assistenz: Claire de Vries, Melanie Köllen, Sara Morrhad, alle 42 signals GmbH, Aachen
GPSR-Kontakt: Hueber Verlag GmbH & Co. KG, Baubergerstraße 30, 80992 München, kundenservice@hueber.de
Druck und Bindung: PASSAVIA – Druckservice GmbH & Co. KG, Medienstraße 5b, 94036 Passau, info@passavia.de
Printed in Germany
ISBN 978-3-19-151650-5

Art. 530_27371_001_04

SEITE		KAPITEL

1 NEBENSÄTZE

Setzen Sie die Konjunktionen ein.

als (2x) | bevor | bis | da | dass | obwohl | während | weil | wenn

Der Morgen des ersten Schultags

Es ist Montag, der 23.08., und es ist ein besonderer Tag. Paul geht seit heute in die erste Klasse. Er ist jetzt ein Schulkind. Heute Morgen weckte Pauls Mutter ihren Sohn schon um 6:45 Uhr. ________ (1) Paul aufwachte, war er noch sehr müde. Doch ________ (2) er so müde war, sprang er blitzschnell aus seinem Bett auf. Ihm war nämlich eingefallen, ________ (3) er heute zum ersten Mal in die Schule geht. Paul wäre am liebsten im Schlafanzug in die Schule gegangen, so gespannt war er auf seinen ersten Schultag. Doch Pauls Mutter sagte: „________ (4) du in die Schule gehst, musst du dich anziehen und dir die Zähne putzen." Paul konnte gar nicht still stehen, ________ (5) er sich die Zähne putzte. Die Zeit im Bad kam ihm ewig vor. ________ (6) Paul zum Frühstück kam, lag eine große, bunte Schultüte auf seinem Platz. Pauls Freude darüber war groß, ________ (7) die Tüte randvoll mit seinen Lieblingssüßigkeiten gefüllt war. „Du darfst jetzt ein paar Gummibärchen essen, aber dann bleibt die Tüte hier zu Hause, ________ (8) du wieder aus der Schule kommst", erklärte Pauls Mutter ihm. Immer ________ (9) Paul früher in den Kindergarten gegangen ist, hat seine Mutter ihm ein Brot zum Frühstück eingepackt. ________ (10) es aber in der Schule eine Cafeteria gibt, muss er keine Brote mehr von zu Hause mitnehmen.

Viel Spaß in der Schule, Paul!

2 WORTSCHATZ – ADJEKTIVE

Suchen Sie passende Gegenteile zu den unterstrichenen Adjektiven und setzen Sie sie in den Text ein.

Man glaubt es kaum, dass Helga und Holger Geschwister sind. Sie sind sich überhaupt nicht ähnlich: Helga ist <u>schlank</u> und <u>sportlich</u>, aber Holger ist ________ (1) und ________ (2). Holger ist außerdem in seinen Ansichten <u>altmodisch</u>, aber Helga denkt sehr ________ (3). Holger sehen manche in der Familie auch als <u>dumm</u> und <u>unzuverlässig</u> an; Helga dagegen als ________ (4) und ________ (5). Holger findet sich selbst natürlich attraktiv, <u>freundlich</u>, großzügig, <u>fleißig</u> und bescheiden. Helgas Freunde finden ihn dagegen eher unattraktiv, ________ (6), geizig, ________ (7) und überheblich. Helga wirkt auf viele Leute selbstbewusst, <u>mutig</u> und <u>humorvoll</u>. Holger aber wirkt schüchtern, ________ (8) und ________ (9). Das sollen wirklich Geschwister sein?

1 WORTSCHATZ – JOBHOPPER

Welche Wörter passen zusammen? Ergänzen Sie die Artikel und Pluralendungen.

1	___ Bewerbung, ___	A	___ Firma, ___
2	___ Beförderung, ___	B	___ Stelle, ___
3	___ Arbeitsplatz, ___	C	___ Chef, ___
4	___ Kündigung, ___	D	___ Vorstellungsgespräch, ___
5	___ Aufstiegschance, ___	E	___ Zuverlässigkeit
6	___ Arbeitgeber, ___	F	___ Entlassung, ___
7	___ Unternehmen, ___	G	___ Gehaltserhöhung, ___
8	___ Flexibilität	H	___ Karrieremöglichkeit, ___
9	___ Loyalität	I	___ Einkommen, ___
10	___ Gehalt, ___	J	___ Mobilität

1	2	3	4	5	6	7	8	9	10

2 GRUND ODER ZIEL – DAS SAGEN VERLIEBTE LEUTE

Bilden Sie den passenden Nebensatz mit *weil* oder *um … zu* (wenn möglich) bzw. *damit*.

1 Ich liebe dich, weil du toll bist. (du bist toll)

2 Ich mache alles, ___. (wir können zusammen sein)

3 Du machst mich glücklich, ___.
(du bist immer für mich da)

4 Ich kündige meinen Job, ___.
(ich habe mehr Zeit für dich)

5 Ich kann nicht schlafen, ___. (ich denke an dich)

6 Und ich spare Geld, ___.
(wir können in Urlaub fahren)

7 Meine Eltern wollen am Wochenende kommen, ___.
(sie lernen dich kennen)

8 Das schlechte Wetter ist mir egal, ___. (du bist bei mir)

9 Ich kaufe dir den Diamantring, ___.
(ich will dir eine Freude machen)

10 Und Ende des Jahres suchen wir eine Wohnung, ___.
(wir ziehen endlich zusammen)

3 FINALSÄTZE – EMIL DENEUVE

a) Kann man den Satz mit *um ... zu* bilden? Schreiben Sie in die rechte Spalte *ja* bzw. *nein* und formulieren Sie dann den Satz mit *um ... zu* (wenn möglich) oder *damit*.

1 Er verwendet Deodorant, ____________________. (er – gut riechen) ja

2 Er bringt Kuchen mit, ____________________. (alle – ihn nett finden) ____

3 Emil nimmt immer ein Wörterbuch mit in den Deutschkurs, ____________________ ____________________. (unbekannte Wörter nachschlagen) ____

4 Er geht am Nachmittag in die Bibliothek, ____________________. (lernen) ____

5 Emil macht viel Sport, ____________________. (fit bleiben) ____

6 Er hört zu Hause nie nachts Musik, ____________________ ____________________. (seine Nachbarn – nicht aufwachen) ____

7 Die Mitschüler sind nett zu Emil und sprechen in der Pause mit ihm, ____________________ ____________________. (er – sich im Kurs wohlfühlen) ____

b) Richtig oder falsch? Lesen Sie den Text und kreuzen Sie an.

Wenn man sich das Leben von Emil Deneuve als Film vorstellt, dann wäre das bestimmt kein Thriller. Emil kommt aus einer kleinen Stadt in den Pyrenäen und liebt seine Heimat.
Als er ein Kind war, musste er nur fünf Minuten zu Fuß gehen, (1) wenn er seine Großeltern besuchen wollte. Er ging in die Grundschule und hatte dort viele Freunde. Am Nachmittag trafen sie sich oft, (2) weil sie zusammen spielen wollten.
In seiner Jugend trat er in den Fußballverein ein. Er trainierte viel, (3) er wollte nämlich* immer besser Fußball spielen. Immer, wenn er mit seiner Mannschaft unterwegs war, rief er zu Hause an, (4) denn seine Eltern sollten sich keine Sorgen machen.
(5) Er sollte das Abitur machen und später studieren, deshalb ging er aufs Gymnasium. Er musste den Bus nehmen, (6) wenn er zur Schule fahren wollte, weil das Gymnasium 15 Kilometer weit weg war. Er war gut in der Schule und lernte fleißig, (7) weil er wollte, dass seine Eltern stolz auf ihn sind. Auch seine Eltern arbeiteten viel, (8) denn er sollte studieren können.
Nach dem Abitur ging er an die Universität. Er studierte in der kleinen Stadt Perpignan, (9) weil er nicht so weit weg von seiner Heimat sein wollte. Dann beendete er seine Fußballkarriere, (10) denn er wollte sich auf sein Studium konzentrieren.
Nach der Universität suchte er eine Arbeit in der Nähe seines Dorfes, (11) er wollte nämlich* wieder in der Nähe seiner Eltern wohnen. Doch er fand keine Arbeit. Sein Professor sagte, dass er eine Zeit im Ausland verbringen muss, (12) wenn sich seine Chancen verbessern sollen. Jetzt ist er in Aachen, (13) weil er dort seinen Master machen will. Er muss Deutsch lernen, (14) weil er möchte, dass ihn die Universität zum Studium zulässt. Er ist sehr traurig, weil seine Familie jetzt weit weg ist. Vielleicht können wir etwas tun, (15) wenn wir wollen, dass es ihm besser geht?

**nämlich* ist ein kausales Adverb. Es steht in der Satzmitte.
*Er war froh. Er freute sich **nämlich** sehr darauf, sie wiederzusehen.*
*Er war traurig. Er vermisste sie **nämlich** sehr.*

R	F	1	Emil Deneuve hat ein spannendes Leben.
R	F	2	Er lebte bei seinen Großeltern.
R	F	3	Seine Eltern machten sich oft Sorgen.
R	F	4	Seine Universität war weit weg von seiner Heimatstadt.
R	F	5	Er hörte mit dem Fußballspielen auf, weil er etwas anderes wichtiger fand.
R	F	6	Nach der Universität hat Emil wieder in der Nähe seiner Eltern gewohnt.
R	F	7	Heute wohnt er in Aachen.

c) Formulieren Sie die unterstrichenen Sätze um. Bilden Sie Finalsätze und verwenden Sie *um ... zu* (wenn möglich) und *damit*.

1 Als er ein Kind war, musste er nur fünf Minuten zu Fuß gehen, um seine Großeltern zu besuchen.

2 Am Nachmittag trafen sie sich oft, ______

3 Er trainierte viel, ______

4 Immer, wenn er mit seiner Mannschaft unterwegs war, rief er zu Hause an, ______

5 ______, ging er aufs Gymnasium.

6 Er musste den Bus nehmen, ______, weil das Gymnasium 15 Kilometer weit weg war.

7 Er lernte fleißig, ______

8 Auch seine Eltern arbeiteten viel, ______

9 Er studierte in der kleinen Stadt Perpignan, ______

10 Dann beendete er seine Fußballkarriere, ______

11 Nach der Universität suchte er eine Arbeit in der Nähe seines Dorfes, ______

12 Sein Professor sagte, dass er eine Zeit im Ausland verbringen muss, ______

13 Jetzt ist er in Aachen, ______

14 Er muss Deutsch lernen, ______

15 Vielleicht können wir etwas tun, ______

Einige Modalverben fallen im Finalsatz weg.

4 BEZIEHUNGEN

a) Bilden Sie 4er-Gruppen. Jede Person bearbeitet eine Spalte. Tragen Sie passende Wörter in Ihre Spalte ein. Es gibt mehrere Möglichkeiten. Ergänzen Sie weitere Wörter.

ein enger Freund | eine gute Freundin | mein Freund | ein guter Bekannter | eine entfernte Verwandte | ein Arbeitskollege | ein Familienmitglied | ein guter Kollege | ein Studienfreund | ein alter Schulfreund | ein Kommilitone | der beste Freund | die Geliebte | der Ex-Mann | ein entfernter Bekannter | die Frau

Familie	Schule, Universität, Job	Freunde, Bekannte	Liebe

b) Markieren Sie, wie eng die Beziehungen sind.

++ = sehr eng
+ = eng
+/- = neutral
- = nicht eng

c) Stellen Sie Ihre Ergebnisse in der Gruppe vor und sprechen Sie darüber. Welche Gemeinsamkeiten und welche Unterschiede gibt es?

5 GRADUIERUNG

Sprechen Sie zu zweit. Stellen Sie abwechselnd Fragen und antworten Sie. Benutzen Sie Gradpartikeln und -adverbien, um Ihre Aussagen abzuschwächen oder zu verstärken. Denken Sie sich noch weitere Fragen aus und antworten Sie darauf.

Wie oft siehst du deine Eltern? – Ich sehe meine Eltern nicht sehr oft.
Wie gern isst du Schokolade? – Ich esse schrecklich gern Schokolade.

- Wie mutig bist du?
- Wie gut warst du in der Schule?
- Wie gut gefällt dir die Stadt, in der du jetzt lebst?
- Wie laut hörst du Musik?
- Wie groß ist deine Heimatstadt?
- Wie oft gehst du aus?
- ...

allzu	sehr
ausgesprochen	so
außerordentlich	total
besonders	überaus
einigermaßen	unglaublich
extrem	ziemlich
recht	zu
schrecklich	...

6 ADJEKTIVDEKLINATION UND GRADUIERUNG – BIN EBEN ZIGARETTEN HOLEN ...

Ergänzen Sie die fehlenden Endungen, wenn nötig. Manche Lücken bleiben leer (/).

„Ich bin eben Zigaretten holen ...“ – Diese kurz___ (1) Mitteilung ist in manch___ (2) Fällen nur scheinbar___ (3) harmlos___ (4). Sie ist zu einem viel___ (5) zitiert___ (6) Synonym dafür geworden, dass jemand ganz___ (7) plötzlich___ (8) seine Familie verlassen hat. Wie groß___ (9) die Zahl an Männern ist, die ohne eine näher___ (10) Erklärung nach viel___ (11) Jahren ihr Zuhause einfach___ (12) so verlassen, ist unbekannt___ (13). Man weiß aber, dass nur in den wenigst___ (14) Fällen Frauen diesen äußerst___ (15) radikal___ (16) Schritt gehen. Auf jeden Fall führt diese einsam___ (17) Entscheidung zu einer außerordentlich___ (18) schwierig___ (19) Situation in den zurückgelassen___ (20) Familien. Denn für die verlassen___ (21) Partner und Kinder entstehen dadurch groß___ (22) emotional___ (23) Konflikte. Und auch die finanziell___ (24) Situation ist plötzlich___ (25) ausgesprochen___ (26) schwierig___ (27). Fazit: Suchen Sie sich lieber einen Nichtraucher.

7 EINEN KURSTEILNEHMER BESCHREIBEN

a) Schreiben Sie einen Text über einen Teilnehmer oder eine Teilnehmerin aus Ihrem Kurs. Stellen Sie ihn/sie vor und verwenden Sie Gradpartikeln und -adverbien. Nennen Sie nicht den Namen!

Er/Sie ist ziemlich groß, seine/ihre Stimme ist besonders laut und ...

b) Lesen Sie Ihre Beschreibung vor, ohne den Namen zu nennen. Die anderen raten, wen Sie meinen.

8 WORTSCHATZ – GESCHICHTE DER LIEBE

Welches Wort passt? Ordnen Sie die Wörter zu und ergänzen Sie bei den Nomen den Plural.

etw. (A) arrangieren | das Brautpaar | das Reich | die Schwiegertochter | der Skandal | ~~der Vertrag~~ | wohlhabend | der Wohlstand

1 Dokument mit einer Regelung zwischen zwei Personen oder Ländern: der Vertrag, ¨-e

2 Reichtum: ___

3 reich: ___

4 ein großer, mächtiger Staat: ___

5 Ereignis, das viele Leute schockiert, weil sie es unmoralisch finden: ___

6 die Ehefrau des Sohnes: ___

7 etwas organisieren: ___

8 das Hochzeitspaar: ___

9 *ZU*-INFINITIV VS. FINALSATZ – DAS SAGEN LEUTE BEI TRENNUNGEN

Bilden Sie den passenden Nebensatz mit *zu* oder *um ... zu*.

1 Ich brauche Zeit, um mich selbst zu finden. (mich selbst finden)

2 Du hast immer vergessen, ______ (die Zahnpasta verschließen)

3 Deine Mutter hat nie aufgehört, ______ (mich kritisieren)

4 Du hast mir verboten, ______ (meine Freunde treffen)

5 Du hast nichts getan, ______ (mich glücklich machen)

6 Ich tue alles, ______ (mich für dich ändern)

7 Ich tue alles, ______ (dich nie wiedersehen)

8 Es ist unvorstellbar, ______ (dich lieben)

9 Versuch nicht, ______ (mich hier halten)

10 Und vergiss nicht, ______ (mir den Diamantring zurückgeben)

10 MODALSÄTZE – PFANNKUCHEN

a) Lesen Sie den Text. Verbinden Sie dann die Fragen mit den passenden Antworten.

Klugscheißer-Wissen: Pfannkuchen, Eierkuchen, Berliner, Krapfen, ...
Viele Speisen haben in unterschiedlichen Regionen unterschiedliche Namen. Ein wichtiges Beispiel ist ein rundes Gebäck, das in Fett gebacken und oft mit Marmelade gefüllt wird. Man isst dieses Gebäck in den verschiedenen Regionen Deutschlands vor allem zu Karneval, aber auch zu anderen besonderen Gelegenheiten (z. B. Kirchweihfest). Es heißt in Berlin Pfannkuchen. Etwas anderes versteht man in Köln unter Pfannkuchen. Hier ist das ein flaches Stück Teig aus Eiern und Mehl, das in einer Pfanne gebraten wird.

Berlin: Pfannkuchen
Köln: Berliner
Süddeutschland: Krapfen

Berlin: Eierkuchen
Köln: Pfannkuchen
Bern: Omelett
Wien: Palatschinken

1 Wie schlägt man Eier auf?
2 Wie misst man das Mehl und die Milch ab?
3 Wie bereitet man den Pfannkuchenteig zu?
4 Wie erhitzt man das Fett?
5 Wie gibt man den Teig in die Pfanne?
6 Wie verteilt man den Teig gleichmäßig in der Pfanne?
7 Wie wendet man den Pfannkuchen?
8 Wie kann man den Pfannkuchen verfeinern?

A Man gibt es in eine Pfanne und stellt sie auf die heiße Herdplatte.
B Man verwendet einen Pfannenwender oder wirft den Pfannkuchen mit Schwung in die Luft.
C Man bewegt und dreht die Pfanne vorsichtig, bis überall gleich viel Teig ist.
D Man verwendet frische Kräuter, Schinken, Käse oder Pilze.
E Man klopft sie vorsichtig gegen den Rand einer Schüssel.
F Man verwendet einen Messbecher.
G Man benutzt eine große Schöpfkelle.
H Man rührt Mehl, Eier, Milch und Salz zu einem flüssigen Teig.

1	2	3	4	5	6	7	8

b) Verbinden Sie jetzt die Sätze aus Aufgabe a) mit *dadurch, dass* oder *indem*.

1 Man schlägt Eier auf, indem man sie

2

3

4

5

6

7

8

11 MODALSÄTZE – DAS IST UNGERECHT ...

Schreiben Sie Modalsätze mit *indem*, *dadurch*, *dass*, *ohne dass* und *ohne ... zu*.

1 Ich habe mein Abitur geschafft. Ich habe viel gelernt.

Ich habe mein Abitur geschafft, indem ich viel gelernt habe.

2 Justus hat sein Abitur geschafft. Er hat nicht viel gelernt.

Justus hat sein Abitur geschafft, ohne viel zu lernen.

3 Meine Eltern konnten mein Studium finanzieren. Sie haben viel gearbeitet.

Einige Modalverben fallen im Modalsatz mit *ohne ... zu* weg.

4 Justus' Eltern konnten sein Studium finanzieren. Sie mussten nicht viel arbeiten.

5 Ich konnte mir ein Fahrrad kaufen. Ich habe lange gespart.

6 Justus konnte sich ein Auto kaufen. Er hat nicht gespart.

7 Ich konnte 500 € sparen. Ich habe auf Partys, Reisen und teure Klamotten verzichtet.

8 Justus konnte 500 € sparen. Er hat nicht auf Partys, Reisen und teure Klamotten verzichtet.

9 Meine Eltern können sich ein schönes Häuschen kaufen. Beide arbeiten.

10 Justus' Eltern haben zwei schöne Villen. Justus' Mutter braucht nicht zu arbeiten.

12 KOMMUNIKATION AUF REISEN

a) Hören Sie den Hörtext und notieren Sie alle Arten der Kommunikation, die den Personen auf Reisen zur Verfügung stehen.

Postkarte, ______

______

b) Bearbeiten Sie die Aufgaben zum Hörtext.

1 Mit wem halten die vier Personen Kontakt, wenn sie verreisen?

______

2 Person 1: Richtig oder falsch? Kreuzen Sie an.

R	F	1	Ulla schreibt eine Postkarte an ihre Nachbarin.
R	F	2	Manchmal verschickt sie eine SMS.
R	F	3	Früher ist Ulla nicht in den Urlaub gefahren.

3 Person 2: Beantworten Sie die Fragen in Stichworten.

Mit wem skypt Thomas? ______

Wo hat er nach dem Abitur sein Work & Travel gemacht? ______

Notieren Sie vier Möglichkeiten, wie Thomas Kontakt hält:

- ______
- ______
- ______
- ______

4 Person 3: Ergänzen Sie die passenden Verben.

Leila ______ auf ihren Reisen die Orte, die sie besucht, und ______ die Fotos auf ihrem Online-Profil ______.

5 Person 4: Kreuzen Sie die richtige Antwort an. Nur eine Antwort ist richtig.

1 Frank ist ... auf Geschäftsreise.

- A mindestens einmal im Monat
- B weniger als einmal im Monat
- C einmal im Jahr

2 Frank verreist nach ...

- A Japan und Indien.
- B China und Amerika.
- C China und Japan.

3 Er hält auf seinen Reisen Kontakt zu ...

A seinem Chef und seiner Freundin.

B seinen Eltern.

C Geschäftspartnern.

c) Wie halten Sie im Urlaub Kontakt und zu wem? Sprechen Sie zu zweit darüber.

13 ARGUMENTATIVES SCHREIBEN – GEBRAUCHTE SACHEN KAUFEN

a) Setzen Sie die Redemittel an der passenden Stelle im Text ein.

A Das bedeutet, dass
B Viele Menschen
C Es gibt zum Beispiel
D Aber es gibt natürlich auch Nachteile
E Der wichtigste Vorteil ist
F Außerdem
G Ein weiterer Nachteil ist
H Ein weiterer Vorteil ist
I In diesem Text geht es darum, welche Vorteile und Nachteile es gibt
J Meine eigene Meinung ist, dass
K Der größte Nachteil ist jedoch, dass

___ (1) wollen Geld sparen. Eine Möglichkeit ist, Sachen gebraucht im Internet zu kaufen.

___ (2), wenn man gebrauchte Sachen im Internet ersteigert.

___ (3) der Preis. Gebrauchte Sachen sind meistens billiger. Beispielsweise kann man im Internet einen gebrauchten Mixer für 10 Euro bekommen, der im Geschäft über 40 Euro kostet. ___ (4), dass es spannend ist. Manche Leute sitzen vor dem Computer und warten und hoffen, und wenn sie den Artikel gekauft haben, freuen sie sich, jubeln und singen wie im Fußballstadion. ___ (5) kann man manchmal auch ein echtes Schnäppchen machen. ___ (6) Leute, die im Internet wertvolle alte Musikinstrumente oder Kunstwerke gekauft haben.

___ (7), wenn man online einkauft: Manche Leute werden süchtig und verbringen den ganzen Tag vor dem Computer. ___ (8), dass man manchmal Sachen, die man nicht braucht, nur kauft, weil sie billig sind. Zum Beispiel gibt es Kaffeetassen für 50 Cent, doch wenn man schon genug Tassen hat, ist dieser Kauf unnötig.

___ (9) man keine Garantie auf die Sachen bekommt. ___ (10) es keine Möglichkeit gibt, die Produkte umzutauschen oder sein Geld zurückzubekommen, wenn die Waren kaputt oder unvollständig sind.

___ (11) man bestimmte Sachen im Internet kaufen kann, aber andere Sachen sollte man lieber im Geschäft kaufen. Und wenn man online einkauft, sollte man sich die Fotos der Sachen gut ansehen und auf eine gute Bewertung des Verkäufers achten.

> Sie schreiben in der nächsten Zeit viele argumentative Texte. Merken Sie sich die Struktur und die Redemittel!

b) Markieren Sie im Text von a) folgende Teile. Manche Teile überschneiden sich.

- Einleitung
- Hauptteil
- Vorteile
- Thema
- Überleitung
- Nachteile
- eigene Meinung
- Schluss
- zentrale Frage

1 *WENN* VS. *ALS* – MAX UND JOSEFINE

a) Ergänzen Sie *wenn* oder *als*.

_______ (1) Max und Josefine sich kennengelernt haben, waren sie noch in der Schule. Max war gleich verliebt in Josefine. _______ (2) er sie gesehen hat, war er immer sehr nervös. Er hatte ganz feuchte Hände, _______ (3) er sie zum ersten Mal angesprochen hat. Josefine war sehr freundlich zu Max, sie war nämlich auch ein bisschen in ihn verliebt. _______ (4) Max Josefine dann gefragt hat, ob sie einmal mit ihm zum Dorffest gehen will, hat sie sich gefreut und ja gesagt. _______ (5) sie zum ersten Mal miteinander getanzt haben, waren beide sehr aufgeregt. Max ist immer auf Josefines Füße getreten, aber das fand Josefine gar nicht schlimm. Sie sind dann immer gemeinsam zum Tanzen gegangen, _______ (6) ein Fest im Dorf war.

b) Verbinden Sie die Sätze mit *wenn* oder *als*.

1 Max ging zur Schule. Er wollte eine Ausbildung zum Bäcker machen.

2 Max hat Josefines Eltern gefragt, ob er sie heiraten darf. Er hat einen Kuchen und Blumen mitgebracht.

3 Josefine war bei Max zu Besuch. Seine Eltern haben sich immer sehr gefreut.

4 Die beiden haben geheiratet. Es gab ein großes Fest.

5 Sie haben ihre Eltern besucht. Sie haben oft miteinander Karten gespielt.

6 Max hat sich sehr gefreut. Josefine hat das erste Kind bekommen.

7 Josefine hat Kinder bekommen. Max war immer sehr nervös.

8 Sie haben eine große Reise gemacht. Max ist in Rente gegangen.

9 Sie haben Reisen gemacht. Sie haben immer eine Ferienwohnung gemietet.

10 Max backt immer einen Kuchen. Die Kinder kommen zu Besuch.

11 Max oder Josefine stirbt. Der andere besucht das Grab und bringt Blumen mit.

2 PERFEKT UND PRÄTERITUM – JOSEFINES GESCHICHTE

a) Ergänzen Sie die Partizip-II-Formen der folgenden Verben im passenden Feld der Tabelle. Ergänzen Sie dahinter in Klammern, ob das Verb im Perfekt mit *sein* (*s*) oder *haben* (*h*) oder beiden (*s / h*) gebildet wird.

~~aufstehen~~ ausbrennen ausgehen auslaufen aussuchen austrinken ausziehen ~~benennen~~ besteigen besuchen bitten bleiben bringen einbringen einkaufen entfalten entlaufen entscheiden geschehen greifen haben kaufen kennenlernen lachen laufen missverstehen rennen rufen sein stehen suchen umsteigen untergehen unternehmen verbrennen verbringen sich verlieben verstehen versuchen werden

ge__t	__ge__t	__t
		benannt (h)

ge__en	__ge__en	__en
	aufgestanden (s)	

b) Josefine ist 100 Jahre alt geworden. Sie erzählt ihre Geschichte einem Journalisten. Bilden Sie Sätze im Perfekt.

1 kommen / 1937 / ich / in einem kleinen Dorf in der Eifel / auf die Welt / .

2 aufwachsen / in einer großen Familie / ich / .

3 ärgern / meine Brüder / mich / oft / .

4 spielen / mit / ihnen / ich / sehr gern / trotzdem / .

5 arbeiten / ich / als Kind / auf dem Bauernhof / .

6 gehen / in die Schule / ich / nur acht Jahre / .

7 kennenlernen / Max / ich / mit 15 / .

8 tanzen / Max / sehr schlecht / .

9 sich ärgern / ich / nicht / darüber / .

10 heiraten / wir / bald / .

11 bekommen / fünf Kinder / wir / .

12 werden / alt und glücklich / Max und ich / .

c) Setzen Sie die Verben ins Präteritum. Nutzen Sie die vorgegebenen Personalpronomen.

aufstehen – ich

ausgehen – du

auslaufen – es

aussuchen – er/es/sie

austrinken – wir

ausziehen – ihr

benennen – sie/Sie/Sie

besteigen – ich

besuchen – du

bitten – er/es/sie

bleiben – wir

bringen – ihr

einkaufen – ich

entfallen – er/es/sie

entscheiden – wir

geschehen – es

greifen – ich

kennenlernen – du

lachen – er/es/sie

laufen – wir

missverstehen – ihr

rennen – sie/Sie/Sie

rufen – ich

sein – ihr

stehen – er/es/sie

suchen – wir

umsteigen – ihr

untergehen – es

unternehmen – ich

verbrennen – es

verbringen – du

sich verlieben – ich

verstehen – ihr

werden – sie/Sie/Sie

d) Der Journalist schreibt einen Zeitungsartikel über Josefines Geschichte. Schreiben Sie den Text aus b) im Präteritum.

Sie kam ...

3 TEMPORALSÄTZE MIT *WÄHREND, BEVOR, BIS UND SEIT(DEM)*

a) Lesen Sie die Beispielsätze und markieren Sie die temporalen Konjunktionen farbig.

1 Seit sie in Deutschland ist, lernt sie Deutsch.
2 Sie einigten sich über das Gehalt, bevor er den Arbeitsvertrag unterschrieb.
3 Die Kinder spielen in ihrem Zimmer, während die Eltern heimlich die Osternester verstecken.
4 Seitdem sie nach Deutschland gekommen ist, lernt sie Deutsch.
5 Bis die Bauarbeiten abgeschlossen sind, bleibt die Straße komplett gesperrt.

b) Was machen die Schüler und die Lehrerin gleichzeitig? Bilden Sie Sätze mit *während*.

1 beim Test: Während die Schüler den Test schreiben,

2 in der Pause:

3 nach dem Unterricht:

4 am Wochenende:

c) Herr Lemmert will abnehmen und spricht mit seinem Ernährungsberater. Was soll er tun, um abzunehmen? Bilden Sie Sätze mit *bevor*.

1 sich vor dem Aufstehen einen Ernährungsplan für den Tag überlegen

Bevor er aufsteht, soll er sich einen Ernährungsplan für den Tag überlegen.

2 vor dem Duschen 10 Kniebeugen machen

3 vor dem Essen ein großes Glas Wasser trinken

4 vor dem Einkaufen einen Einkaufszettel schreiben (das schützt vor Heißhunger-Einkäufen!)

5 vor dem Schlafengehen noch eine kleine Fitnessübung machen

d) Verbinden Sie die Sätze mit *seit(dem)* oder *bis*.

1 Ich muss noch lange sparen. Ich kann mir ein neues Handy kaufen.

2 Meine Mutter hat ein Smartphone. Sie schickt mir jeden Tag Bilder.

3 Mein Bruder ruft mich nicht mehr an. Wir haben uns heftig gestritten.

4 Die Lehrerin erklärte ihm die Konjunktionen immer wieder. Er verstand sie schließlich.

5 Ich spiele Lotto. Eines Tages gewinne ich eine Million Euro!

6 Ihre Gesundheit ist viel besser. Sie hat mit dem Rauchen aufgehört.

4 SATZVERBINDUNGEN – FRÜHER

Ergänzen Sie die Sätze mit den passenden Konjunktionen und Adverbien.

als dass dass deshalb ob obwohl trotzdem weil weil wenn wenn

Früher, ______ (1) ich ein Kind war, wollte ich schnell groß werden, ______ (2) mein großer Bruder so stark war und mich immer geärgert hat. Immer, ______ (3) das passiert ist, habe ich mir gesagt, ______ (4) ich schnell groß werden muss. ______ (5) ich meinen Bruder mochte, wollte ich als Kind immer besser und stärker sein als er. ______ (6) habe ich viel gegessen und auch Sport getrieben. Aber es hat nicht geholfen. Er war immer größer als ich. Ich habe ihn einmal gefragt, ______ (7) er die gleichen Erinnerungen hat wie ich. Er sagte, ______ (8) er immer so sein wollte wie ich, ______ (9) mich alle so süß fanden und sich mehr um mich gekümmert hätten. Es gab immer eine Konkurrenz zwischen uns. ______ (10) verstehen wir uns heute sehr gut. ______ (11) wir uns sehen, lachen wir über früher.

1 EINFÜHRUNG INS THEMA: DIE DEUTSCHE WIEDERVEREINIGUNG

a) Ergänzen Sie die Tabelle. Recherchieren Sie dazu auch im Internet.

	BRD	DDR
voller Name		
geografische Lage		
Hauptstadt		
gegründet		
aufgelöst	–	
Wirtschaftsform		
Regierungsform		

b) BRD und DDR gehörten jeweils einem Bund an. Ergänzen Sie den Namen und weitere Staaten, die auch diesem Bund angehörten. Recherchieren Sie im Internet.

Name des Bundes	Staaten, die diesem Bund angehören
	BRD,
	DDR,

2 WORTSCHATZ – WIEDERVEREINIGUNG

Welche Wörter passen zu welcher Definition? Ordnen Sie zu. Ergänzen Sie bei den Nomen Artikel und Plural.

1 ____ Besatzungszone, ____
2 besetzen
3 ____ Demokratie, ____
4 flüchten
5 ____ Demonstration, ____
6 ____ Revolution, ____
7 ____ Wiedervereinigung
8 ____ Einigung

A Teil eines Landes, in dem ausländisches Militär die Kontrolle hat
B weglaufen, weil es eine Gefahr gibt
C politisches System: das Volk wählt die Regierung
D hier: erobern, ein Gebiet einnehmen
E mehrere Personen gehen zusammen auf die Straße und zeigen ihre gemeinsame politische Meinung
F hier: zwei Länder, die früher ein Land waren, werden wieder ein Land
G hier: starke Veränderung eines politischen Systems
H gemeinsam eine gute Lösung für alle finden

1	2	3	4	5	6	7	8

3 KONZESSIVSÄTZE – LEBEN IN DER DDR

Bilden Sie Konzessivsätze mit den Wörtern in Klammern.

1 Die Menschen in der DDR durften nicht in den Westen reisen. Die DDR-Bürger machten gerne Urlaub. (trotzdem)

2 Ein sehr beliebtes Reiseziel war die deutsche Ostsee. DDR-Bürger durften auch in andere Ostblockländer reisen. (obwohl)

3 Viele DDR-Bürger wollten nicht aus der DDR weg. Am 9. November 1989 kamen viele DDR-Bürger an die deutsch-deutsche Grenze. (obwohl)

4 Die Grenzposten waren über die Grenzöffnung nicht informiert. Sie ließen die DDR-Bürger in den Westen gehen. (trotzdem)

5 Am 3. Oktober 1990 wurde Deutschland zu einem Land wiedervereinigt. Viele Bürger haben nicht mit dem Ende der DDR gerechnet. (trotzdem)

6 Manche ehemaligen DDR-Bürger sehnen sich nach den DDR-Zeiten zurück. Sie sind jetzt freier als zuvor und können reisen, wohin sie möchten. (obwohl)

4 PLUSQUAMPERFEKT – VERBEN

Ergänzen Sie die Verben im Plusquamperfekt.

1 Wir ______ gerade zu Hause ______, als das Telefon klingelte (ankommen).

2 Ich habe ihn wirklich nicht erkannt, obwohl ich ihn vorher schon einmal ______ ______ (sehen).

3 Der Unterricht ______ schon ______, als wir in den Raum kamen (beginnen).

4 Du ______ gerade ______, als unser Chef nach dir fragte (heimgehen).

5 Tom war am Wochenende müde, weil er die Tage zuvor von früh bis spät _____ _____ (arbeiten).

6 Meine Kollegin _____ zu unseren Meetings nie pünktlich _____, bis ich sie einmal darauf aufmerksam machte (erscheinen).

5 PLUSQUAMPERFEKT UND ANDERE TEMPORA – PRINZESSIN AUF DER ERBSE

a) Ergänzen Sie die Tabelle mit den Verbformen in der 1. Person Singular.

Infinitiv	Präsens	Präteritum	Perfekt	Plusquamperfekt
	ich stehe			
			ich habe vorbereitet	
reisen				
	ich lasse			
wissen				
				ich hatte geheiratet
zumachen				

b) Ergänzen Sie die Verben aus a) in dem Märchen. Achten Sie auf das richtige Tempus!

Es war einmal ein Prinz, der gerne eine Prinzessin _____ (1) wollte. Aber es musste eine echte Prinzessin sein. Er _____ (2) schon durch die ganze Welt _____ (3), doch nirgends hatte er eine gefunden. Eines Abends gab es ein schreckliches Unwetter. Mitten in der Nacht klopfte es am Schlosstor und draußen _____ (4) ein klatschnasses Mädchen. Es sagte: „Bitte _____ (5) Sie mich rein. Ich bin eine echte Prinzessin." Die Königin ließ das Mädchen herein, aber dachte: „Nun, wir finden heraus, ob das stimmt." Nachdem sie ihm ein Bett aus zwanzig Matratzen und zwanzig dicken, weichen Kissen _____ (6) _____ (7), legte sie darunter eine Erbse. Am nächsten Morgen fragte die Königin: „Wie hast du geschlafen, mein Kind?" Das Mädchen antwortete: „Ach, ich _____ (8) die ganze Nacht kein Auge _____ (9). Ich muss auf etwas Hartem gelegen haben, sodass ich am ganzen Körper grün und blau bin." Da _____ (10) die Königin, dass das Mädchen eine echte Prinzessin war, denn keine andere ist so sensibel. Und der Prinz war überglücklich, weil er endlich eine Frau gefunden hatte.

c) Erfinden Sie im Kurs ein eigenes Märchen. Die erste Person beginnt mit dem Satz: „Es war einmal vor langer Zeit ein/e ...". Die zweite Person ergänzt einen weiteren Satz „Der/Die ..." usw. Die letzte Person beendet das Märchen, zum Beispiel: „Und wenn sie nicht gestorben sind, dann leben sie noch heute." Ihnen fehlen die Ideen? Vielleicht helfen Ihnen die folgenden Ausdrücke weiter:

der dunkle Wald | die Fee | Gold und Edelsteine | die Kutsche | der rote Wein | die schöne Frau | die schwierige Aufgabe | der tapfere Mann | einen Wunsch frei haben | der Zauberstab

6 TEMPORALE KONJUNKTIONEN *BEVOR, WÄHREND* UND *NACHDEM*

Markieren Sie die passenden Konjunktionen.

1 Ich schaue mir die Speisekarte an, bevor / während / nachdem ich etwas bestelle.
2 Meine Freundin möchte noch ein Austauschsemester in den USA machen, bevor / während / nachdem sie den Abschluss macht.
3 Bevor / Während / Nachdem sein Chef nicht da war, telefonierte er mit seiner Frau.
4 Er verließ das Büro, bevor / während / nachdem er alle Geräte abgeschaltet hatte.
5 Ich schlage vor, dass ihr beide das Bad putzt, bevor / während / nachdem Anne und ich uns um die Küche kümmern. Dann werden wir rechtzeitig fertig.
6 Bevor / Während / Nachdem Helene abends einschläft, liest sie ein Buch.
7 Bevor / Während / Nachdem das Flugzeug gelandet ist, warten die Passagiere auf das Abschnallzeichen.

7 TEMPORALE NEBENSÄTZE MIT *NACHDEM*

a) Markieren Sie die richtige Verbform.

1 Nachdem ich gefrühstückt hatte / habe, fuhr ich zur Uni.
2 Nachdem Paula ihr Abitur gemacht hat, geht / ging sie auf Weltreise.
3 Die Lehrerin hat / hatte das ganze Wochenende Texte korrigiert, nachdem viele Schüler die Deutschprüfung geschrieben hatten.
4 Am Freitagabend entspannt sich Stefan in der Sauna, nachdem er eine Stunde im Fitnessstudio trainiert hat / hatte.
5 Nachdem der Prinz die Prinzessin gerettet hatte / hat, heirateten sie und lebten glücklich zusammen.

b) Formulieren Sie die Wahlversprechen der Politikerinnen und Politiker. Verbinden Sie dazu die passenden Informationen aus der linken und rechten Spalte und bilden Sie Sätze mit *nachdem*.

1	die Steuern senken	A	keine Staus mehr
2	alternative Energien fördern	B	Geld zurückbekommen
3	das Straßennetz ausbauen und verbessern	C	in Frieden leben
4	die Welt zu einem besseren Ort machen	D	Ausstoß von Treibhausgasen reduzieren können

1	2	3	4
B			

1 Nachdem wir die Steuern gesenkt haben, bekommen alle Bürger Geld zurück.
2
3
4

8 VERTIEFUNG: GALILEO GALILEI

a) Welche Wörter passen zusammen? Ordnen Sie zu. Manchmal sind mehrere Lösungen richtig, die aber verschiedene Bedeutungen haben.

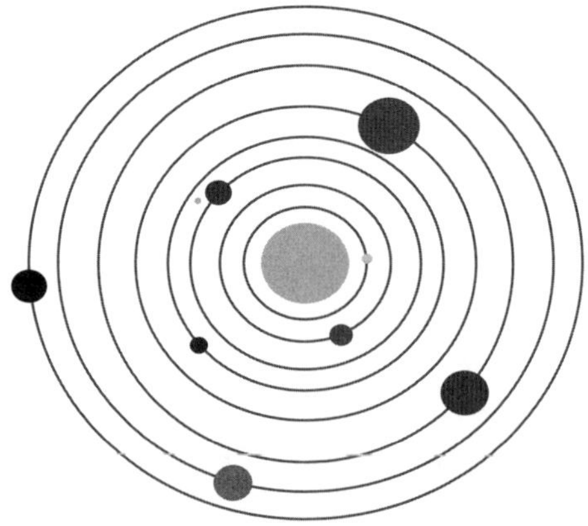

1	an der Universität	A	bekanntgeben
2	einen Artikel	B	erklären
3	Forschungsergebnisse	C	halten
4	eine Frage	D	lehren
5	einen Vortrag	E	stellen
6	ein Weltmodell	F	verfassen
		G	veröffentlichen

1	2	3	4	5	6

b) Hören Sie den Vortrag und bearbeiten Sie die Aufgaben.

1 Die Referentin hat den Wissenschaftler Galileo Galilei ausgesucht ...(,)

- **A** um die Welt zu verändern.
- **B** und stellt Leben und Werk Galileis vor.
- **C** damit die Schüler viele Fragen stellen.

2 Schreiben Sie drei Stichworte auf, die den Schülern zu Galilei einfallen.

-
-
-

3 Wann wurde Galileo Galilei geboren? Schreiben Sie das Datum.

4 Richtig oder falsch? Kreuzen Sie an.

R	F	1	Galileis Vater war Musiker und Mathematiker.
R	F	2	25 Jahre lang lehrte Galileo Galilei als Professor der Mathematik.
R	F	3	Nachdem Galilei die Jupitermonde entdeckt hatte, hielt er Vorträge und veröffentlichte Artikel über sie.
R	F	4	Dadurch, dass Galilei die Jupiter-Monde entdeckt hatte, wurde er berühmt.
R	F	5	Galileis Forschungsergebnisse widerlegten* das heliozentrische Weltmodell.
R	F	6	Vor Galileis Weltmodell glaubte man, dass die Sonne aus dem Meer aufsteigt.
R	F	7	Das heliozentrische Weltbild stimmt nicht mit der Bibel überein.
R	F	8	Die katholische Kirche verbot Galileis Lehre, deshalb vergaß man sie bald wieder.

*etw. widerlegen = beweisen, dass etw. nicht wahr ist

5 Nachdem im Jahr 1632 ein neuer Papst gewählt worden war, ...

- **A** verbesserte sich Galileis Lage ein wenig.
- **B** wurde Galileis Situation sogar noch schlimmer.
- **C** entließ man Galilei aus dem Gefängnis.

9 KONSEKUTIVSÄTZE MIT *SODASS / SO ..., DASS* UND *ALSO*

a) Bilden Sie Konsekutivsätze.

1 so / war / der Film / langweilig / , / mein Freund und ich / sind / dass / eingeschlafen / im Kino / .

2 früh / dunkel / wird / im Winter / es / , / nicht lange / Kinder / draußen / können / sodass / spielen / .

3 gefallen / gut / haben / die teuren Schuhe / mir / , / gekauft / sie / also / habe / ich / einfach / .

4 starke Schmerzen / so / die Frau / hatte / , / konnte / sie / dass / gehen / nicht mehr / .

5 es / wir / vor der Abreise / eilig / hatten / so / , / haben / dass / wir / vergessen / die Reisepässe / .

6 und / trainiert / lange / der Sportler / hart / hat / , / bereit / sodass / ist / für den Wettkampf / er / .

7 Riesen-Appetit / hatte / ich / , / gleich zwei Pizzen / bestellt / also / ich / habe / mir / .

b) Sie waren Zeuge/Zeugin eines Banküberfalls und die Polizei stellt Ihnen viele Fragen. Formulieren Sie die Antworten mit den Wörtern in Klammern und verwenden Sie dabei *sodass*, *so ..., dass* oder *also*.

1 Wie kalt war es an dem besagten Tag? (so kalt / dass / Mütze tragen müssen)

2 Wie groß war das Fluchtauto? (so groß / dass / alle 6 Täter Platz haben)

3 Wie stark war der Anführer? (so stark / dass / die verschlossene Tür eintreten können)

4 Wie lange hat der Überfall gedauert? (nur kurz / sodass / die Täter / nach 3 Minuten / wieder weg sein)

5 Wie viel erbeuteten die Täter? (so viel / dass / das Geld in zwei Sporttaschen transportieren müssen)

6 Wie fühlten Sie sich während des Überfalls? (große Angst haben / sodass / Hände zittern)

7 Was taten Sie nach dem Banküberfall? (erschöpft sein / also / nach Hause gehen und schlafen)

10 ÄRZTE HELFEN IN NOTSITUATIONEN

a) Sehen Sie sich das Bild und die Überschrift an. Welche Aufgaben und Einsatzorte haben die Ärzte und Ärztinnen aus dem Text wohl? Sprechen Sie im Kurs.

b) Lesen Sie den Text einmal schnell, d. h. ohne unbekannte Wörter nachzuschlagen. Ordnen Sie dann den Abschnitten (1-5) je eine Überschrift (A-G) zu. Nicht alle Überschriften passen.

A Aufgabengebiete der Helfer
B Spenden von humanitären Hilfsorganisationen
C Mitarbeiter von humanitären Hilfsorganisationen
D Hilfe bei Naturkatastrophen
E Hindernisse bei den Einsätzen
F Zusammenarbeit mit den Medien
G Was ist eine humanitäre Hilfsorganisation?

1	2	3	4	5

MEDIZINISCHE HILFE FÜR MENSCHEN IN KRISENGEBIETEN

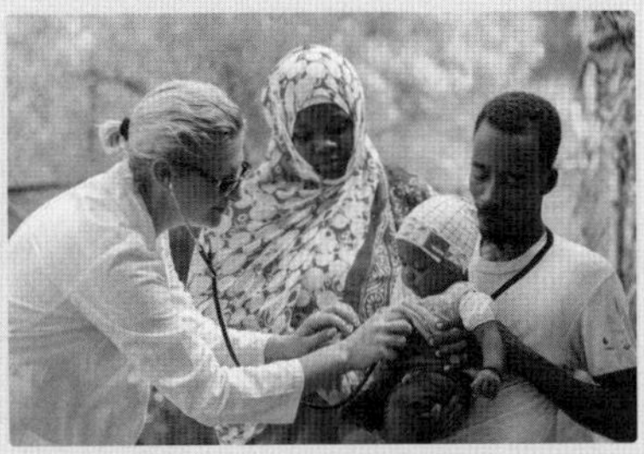

1 Internationale humanitäre Hilfsorganisationen wie z. B. *Ärzte ohne Grenzen* leisten medizinische Nothilfe in akuten Krisensituationen. Sie arbeiten in Gebieten, deren Bewohner sich durch beispielsweise Naturkatastrophen, Epidemien oder politische Konflikte in großer gesundheitlicher Gefahr befinden.

2 Hilfsorganisationen dieser Art werden größtenteils durch Spenden finanziert und sind daher politisch unabhängig. Neben Ärzten und Pflegepersonal in den Einsatzgebieten werden diese Organisationen durch weitere Mitarbeiter in den Bereichen Medien, Administration und Koordination unterstützt. Auch arbeiten zahlreiche Spezialisten (z. B. für Hygiene und Trinkwasser) für diese Organisationen.

3 Die Einsatzorte sind meist Kriegsgebiete oder Regionen, die von Hungersnöten und Naturkatastrophen (z. B. Erdbeben, starke Dürren) betroffen sind. Dabei kümmern sich die Helfer nicht nur um die medizinische Versorgung der Menschen, sondern auch um sauberes Trinkwasser, Verpflegung, Schlafplätze und Hygiene. Die Helfer vor Ort informieren die Menschen außerdem über die Ausbreitung von Epidemien, z. B. Malaria, Cholera und HIV, organisieren Impfungen und betreuen Schwangere und Mütter. Die Hilfe ist immer kostenlos für die Patienten. Humanitäre Hilfsorganisationen unterstützen die Menschen, egal welche Herkunft, politische Einstellung oder Religion sie haben.

4 Wichtig für die humanitäre Arbeit ist auch, die Aufmerksamkeit der internationalen Medien auf Krisengebiete zu lenken und über Verstöße gegen die Menschenrechte zu berichten. Viele Nothelfer informieren die Öffentlichkeit zu diesem Zweck regelmäßig über ihre Erfahrungen in den Krisengebieten.

5 Konflikten stehen die meisten Organisationen neutral gegenüber, nur so kann ihre Arbeit von den verschiedenen Parteien in Kriegs- und Krisengebieten akzeptiert werden. Trotz der Neutralität wird die Arbeit der Nothelfer in einigen Konfliktgebieten durch Angriffe auf Mitarbeiter, Krankenhäuser und Versorgungsstationen erheblich gestört. Immer wieder müssen Hilfseinsätze wegen der schwierigen Bedingungen im Einsatzland und der drohenden Gefahr für die Mitarbeiter vorzeitig abgebrochen werden.

c) Fassen Sie den Text mündlich zusammen und schicken Sie Ihre Zusammenfassung als Sprachnachricht an Ihren Partner / Ihre Partnerin. Geben Sie einander Feedback.

11 THOMAS BECKER HILFT IN KRISENGEBIETEN

a) Sehen Sie sich das Foto an und lesen Sie die Worterklärungen. Was ist ein Erdbeben? Gab es in Ihrer Heimat schon Erdbeben? Sprechen Sie im Kurs.

- das Erdbeben, - = Naturkatastrophe; die Erde bewegt sich unkontrolliert, je nach Stärke des Bebens werden Gebäude, Straßen und Infrastruktur zerstört
- der Erdstoß, ¨-e = die Erschütterung / Bewegung der Erde bei einem Erdbeben
- das Nachbeben, - = ein oder mehrere kleinere Erdbeben, die nach dem Haupterdbeben folgen können; meistens nicht so stark wie das Haupterdbeben

b) Hören Sie ein Radiointerview mit Thomas Becker, einem Nothelfer in Krisengebieten. Hören Sie das Interview einmal und kreuzen Sie an, welche Aussagen falsch sind.

A	Thomas Becker hat in Haiti gearbeitet.
B	Die medizinische Versorgung in Haiti war nach dem Erdbeben schlecht.
C	Es gab kaum Probleme bei der Patientenversorgung.
D	Alle Menschen hatten nach dem Beben genug zu essen.
E	Thomas Becker hat in Haiti nur negative Erfahrungen gemacht.
F	Seit seinem Einsatz in Haiti ist Thomas Becker regelmäßig für die Hilfsorganisation tätig.

c) Hören Sie das Interview zum zweiten Mal. Beantworten Sie die Fragen in ganzen Sätzen.

1 Seit wann ist Thomas Becker als Nothelfer tätig?

2 Was fehlte den Menschen, als Thomas Becker in Haiti eintraf?

3 Was hat Thomas Becker mit der Stirnlampe gemacht?

4 Warum gab es zu wenig Nahrung in den ersten Tagen nach dem Beben?

5 Wie lange hat Thomas Becker in Haiti gearbeitet?

6 Wie viel Gewicht hat Thomas Becker während seines Aufenthalts in Haiti verloren?

7 Warum schickt der Vater des haitianischen Jungen Fotos von seinem Sohn an Thomas Becker?

8 An welchen Orten hat Thomas Becker noch gearbeitet?

d) Ergänzen Sie die Zusammenfassung des Interviews mit den folgenden Wörtern. Achten Sie auf die richtige Form. Einige Wörter passen nicht.

die | Erdbeben | geben | haben | Hilfsorganisation | medizinisch | Nahrung | reisen | seit | sich | sondern | vor | weil

Thomas Becker arbeitet ______ (1) 2010 als Nothelfer in Krisengebieten. In dem Interview erzählt er von seinem Einsatz für eine ______ (2) in Haiti. Aufgrund eines ______ (3) waren große Teile der Insel zerstört. Es ______ (4) nicht genug Nahrung, Wasser und Strom für die Bewohner. Die ______ (5) Versorgung war katastrophal. Nach dem großen ersten Erdbeben gab es viele weitere Nachbeben, ______ (6) die Arbeit von Thomas Becker erschwerten. Nicht nur die Bewohner von Haiti waren hungrig, ______ (7) es gab teilweise auch nicht ausreichend ______ (8) für Ärzte und Pflegepersonal. In den Wochen nach dem Erdbeben verbesserte ______ (9) die Situation in Haiti zunehmend. Nach acht Wochen ______ (10) Thomas Becker wieder zurück nach Deutschland.

12 TEMPORALE NEBENSÄTZE MIT *SOBALD*

a) Ergänzen Sie die Sätze.

den Geldbetrag erhalten | etwas Neues wissen | das Haus verlassen | die Hotelrechnung bezahlen | genug Geld haben | die Polizei, eintreffen

1 Sobald ______, kaufe ich mir endlich ein neues Auto.

2 Wir sind abgereist, sobald ______.

3 Die Paparazzi verfolgten den Superstar, sobald ______.

4 Sobald ______, informiere ich dich darüber.

5 Sobald ______, wurden die Personalien aufgenommen.

6 Die Firma verschickte das Produkt, sobald ______.

b) Sie nehmen an der Kochshow *Das perfekte Abendessen* teil. Schreiben Sie einen Vorbereitungsplan. Bilden Sie dafür Sätze mit *sobald*. Manchmal müssen Sie einen Artikel ergänzen. Das temporale Adverb *dann* entfällt.

1 frühstücken, dann frisches Fleisch einkaufen

Sobald ich gefrühstückt habe, kaufe ich frisches Fleisch ein.

2 vom Einkauf zurück sein, dann Wohnung aufräumen und putzen müssen

Sobald ich vom Einkauf zurück bin,

______

3 Wohnung sauber, dann Tisch decken und dekorieren

______

4 den Tisch gedeckt, dann das Fleisch zubereiten und in den Ofen schieben

______

______

5 das Fleisch im Ofen schmoren, dann den Salat waschen und den Nachtisch vorbereiten

______

______

6 das Essen komplett vorbereitet, sich umziehen

______

______

7 alles fertig, die Gäste kommen können

______

13 TAG DES GUTEN LEBENS

a) Was ist der *Tag des guten Lebens*? Recherchieren Sie im Internet und sammeln Sie erste Informationen.

b) Lesen Sie den Text und markieren Sie alle Informationen, die Ihnen aus a) schon bekannt sind.

Kölner Nachrichten

GUTES LEBEN FÜR DIE KÖLNER VEEDEL[1]

Autofrei, nachhaltig, gesellig – so könnte man den *Tag des guten Lebens* beschreiben. Dieser findet seit 2013 statt, jedes Jahr in einem anderen Viertel. Der Tag wird immer beliebter, zwischen 60 000 und 140 000 Besucher nehmen jährlich an diesem Event teil. Doch was steckt genau hinter dem Projekt und was wird den Besuchern geboten?

Einen klangvollen[2] Namen haben sich die Organisatoren ausgedacht: *Tag des guten Lebens*. An diesem Tag, meist einem Sonntag im Spätsommer, wird einmal pro Jahr ein komplettes Kölner Stadtviertel an seine Bewohner übergeben. Der Autoverkehr steht still, d. h. einen ganzen Tag lang sind die Straßen für jeglichen motorisierten Verkehr gesperrt. Stattdessen gehören sie den Anwohnern und Besuchern des Festes. Auf den Straßen kann gespielt, gegessen und spaziert werden.

Der *Tag des guten Lebens* hat keinen kommerziellen Hintergrund, betonen die Organisatoren. Es gibt keine Essens- und Verkaufsstände, wie man sie von anderen Straßenfesten kennt. Niemand soll an dem Tag Geld an den Besuchern verdienen. Stattdessen wird das Programm von den Nachbarn für die Besucher gestaltet. Jeder mit einer guten Idee kann an der Programmgestaltung mitwirken.

Einige Nachbarn bauen lange Tische auf, an denen sie mit den Besuchern ins Gespräch kommen können. Es gibt selbstgebackenen Kuchen und frischen Kaffee, teilweise umsonst oder gegen eine kleine Spende für einen guten Zweck. „Ich habe irgendwann meinen Freund Guido gefragt, woher er die Leute eigentlich kennt, mit denen wir hier so nett zusammensitzen", erzählt Sebastian, ein begeisterter Besucher des Festes. „Die habe ich auch gerade erst kennengelernt", hat sein Freund Guido ihm geantwortet und mit den Schultern gezuckt.

Manche Nachbarn schließen sich zu kleinen Orchestern zusammen und unterhalten die Besucher musikalisch. Es gibt akrobatische Vorführungen. Wer möchte, kann sein eigenes akrobatisches Können auf die Probe[3] stellen und selbst Jonglieren üben. Auch für Kinder wird einiges geboten. Besucherin Nina freut sich: „Kinderschminken, Kindertheater und ein Kinderzirkus – für meine Kinder ist das hier ein Riesenspaß. Und solange meine Kinder happy sind, bin ich es auch!"

Doch der *Tag des guten Lebens* hat sich auch Nachhaltigkeit und den Umgang mit Ressourcen auf die Fahnen[4] geschrieben. Es gibt Informationsstände, an denen sich Besucher über Klimaschutz und nachhaltige Energiepolitik informieren können. Auch liegt die Aufklärung über Plastik- und Müllvermeidung, nachhaltiges Einkaufsverhalten und alternative Transportmittel den Organisatoren am Herzen. Umweltschutz bleibt ein Kernthema am *Tag des guten Lebens*.

In diesem Jahr fand der *Tag des guten Lebens* in Ehrenfeld statt. In den vergangenen Jahren war er unter anderem in Nippes und in Deutz zu Gast. In welchem Kölner Viertel der Tag im nächsten Jahr stattfindet, wird von den Organisatoren noch bekannt gegeben. Auch in anderen Städten sind solche Tage zukünftig geplant.

[1]Veedel = Stadtviertel (in Kölner Dialekt)
[2]klangvoll = hier: schön klingen
[3]auf die Probe stellen = testen
[4]sich etwas auf die Fahnen schreiben = sich etwas zur Aufgabe machen

c) Bearbeiten Sie die Aufgaben zum Text.

1 Richtig oder falsch? Kreuzen Sie an.

R	F	1	Der *Tag des guten Lebens* fand zum ersten Mal im Jahr 2013 statt.
R	F	2	Das Event findet immer an einem Sonntag im Spätsommer statt.
R	F	3	Nirgendwo in Köln dürfen am *Tag des guten Lebens* Autos fahren.

2 „Der *Tag des guten Lebens* hat keinen kommerziellen Hintergrund." Was bedeutet dieser Satz?

3 Kreuzen Sie an. Welche Aussage stimmt mit dem Text überein?

1
- A Kaffee und Kuchen sind immer umsonst.
- B Guido kannte seine Tischnachbarn vor dem Fest nicht.
- C Guido und Sebastian haben sich gerade erst kennengelernt.

2
- A Ninas Kinder sind zufrieden mit dem Tag.
- B Die Besucher müssen selbst jonglieren.
- C Die Nachbarschaftsorchester werden zusammengeschlossen.

3
- A Am *Tag des guten Lebens* gibt es Fahnen in den Straßen.
- B Die Organisatoren klären selbst über Nachhaltigkeit und Umweltschutz auf.
- C Klimaschutz ist ein zentrales Thema am *Tag des guten Lebens*.

4
- A Der *Tag des guten Lebens* findet immer im selben Kölner Viertel statt.
- B Wo der *Tag des guten Lebens* im nächsten Jahr stattfindet, wissen die Organisatoren noch nicht.
- C Köln ist bisher die einzige Stadt, in der der *Tag des guten Lebens* stattfindet.

14 KONJUNKTIONEN-MIX

Verbinden Sie die folgenden Sätze mit passenden Konjunktionen zu einem Satz. Mehrere Lösungen sind richtig.

dadurch ..., dass | damit | indem | obwohl | so ..., dass / sodass | um ... zu | weil

1 Das Wetter war schlecht. Das Picknick fand nicht statt.

Das Wetter war so schlecht, dass das Picknick nicht stattfand. /

Weil das Wetter schlecht war, fand das Picknick nicht statt.

2 Man verbrennt Kohle. Man erzeugt Energie.

3 Braunkohle liegt nicht sehr tief unter der Erde. Der Abbau von Braunkohle ist billig.

4 In der Bundesrepublik gibt es kein Öl. Man muss es importieren.

5 Das Verbrennen von Kohle ist umweltschädlich. Dabei entsteht CO_2.

6 Die Energiekonzerne produzieren zu viel CO_2. Sie verschmutzen die Umwelt.

7 Deutschland hat einen hohen Lebensstandard. Es braucht viel Energie.

8 Unter manchen Dörfern liegt Braunkohle. Man muss die Bewohner umsiedeln.

9 Man bezahlt den Bewohnern Geld. Sie müssen den Umzug nicht allein bezahlen.

10 Die Regierung reduziert CO_2-Emissionen. Sie fördert erneuerbare Energien.

11 Viele Deutsche finden Windräder hässlich. Sie protestieren gegen neue Windräder.

12 In Deutschland scheint die Sonne nicht so stark. Man nutzt auch Solar-Energie.

15 TEMPORALE KONJUNKTIONEN – SÄTZE

a) Ergänzen Sie temporale Konjunktionen. Es gibt mehrere Lösungen.

1 Immer ________ er Geburtstag hat, macht er eine große Party.

2 ________ er für die Prüfung lernen muss, hat er keine Zeit für seine Freunde.

3 ________ ich nach Deutschland kam, war ich noch nie im Ausland gewesen.

4 ________ ich in Deutschland lebe, mache ich viele Reisen durch Europa.

5 Ich muss viel lernen, ________ ich mein Studium abschließe.

6 Ich bin sofort schlafen gegangen, ________ ich zu Hause war.

7 ________ ich frühstücke, lese ich immer Zeitung.

8 ______ er noch jung war, trieb er viel Sport.

9 ______ er arbeitet, hat er dafür nur noch wenig Zeit.

10 Ich putze immer meine Zähne, ______ ich schlafen gehe.

11 Ich höre leise Musik, ______ ich meine Hausaufgaben mache.

12 ______ ich nach China reisen kann, dauert es sicher noch 3 Monate.

13 ______ ich in China bin, kocht meine Mutter für mich.

14 ______ ich die Hausaufgaben beendet habe, spiele ich Computer.

b) Schreiben Sie nun mit jeder Konjunktion selbst einen Satz. Nutzen Sie Ihre Fantasie!

1 wenn: ______

2 als: ______

3 bevor: ______

4 während: ______

5 nachdem: ______

6 sobald: ______

7 bis: ______

8 seit(dem): ______

1 KÖRPERTEILE

a) Ergänzen Sie die Artikel und die Pluralformen der Körperteile. Markieren und nummerieren Sie dann die Körperteile in der Grafik.

1 das Auge, -n
2 ______ Haar, ______
3 ______ Stirn, ______
4 ______ Kopf, ______
5 ______ Nase, ______
6 ______ Mund, ______
7 ______ Ohr, ______
8 ______ Hals, ______
9 ______ Schulter, ______
10 ______ Arm, ______
11 ______ Rücken, ______
12 ______ Brust*, ______
13 ______ Hand, ______
14 ______ Finger, ______
15 ______ Bauch, ______
16 ______ Bein, ______
17 ______ Schenkel, ______
18 ______ Knie, ______
19 ______ Wade, ______
20 ______ Fuß, ______
21 ______ Zeh, ______

*die Brust (Sg.) = der vordere Bereich des Oberkörpers oberhalb des Bauchs

die Brüste (Pl.) = Busen einer Frau

b) Was können die Körperteile oder was kann man mit ihnen tun? Sammeln Sie Verben.

1 Auge: sehen, schauen,
2 Haar: ______
3 Kopf: ______
4 Nase: ______
5 Mund: ______
6 Ohr: ______
7 Arm: ______
8 Rücken: ______
9 Hand: ______
10 Finger: ______
11 Bauch: ______
12 Bein: ______
13 Knie: ______
14 Fuß: ______

2 GESUNDHEIT UND KRANKHEIT

a) Finden Sie Nomen zu den Themen Krankheit und Arztbesuche. Notieren Sie die Wörter mit Artikel und Plural.

VERBAUNTERSUCHUNGSCHUSTENGEFIEBERUNGRIPPERENKOPFWEHT BESTABLETTENTKREZEPTICKRANKMELDUNGS
PFLASTÜBELKEITABEKASCHNUPFENKATZAHNSCHMERZENTELAHMEDIZINTIPFLASTERKEIT

1 ___ ___, ___
2 ___ ___, ___
3 ___ ___, ___
4 ___ ___, ___
5 ___ ___, ___
6 ___ ___, ___
7 ___ ___, ___
8 ___ ___, ___
9 ___ ___, ___
10 ___ ___, ___
11 ___ ___, ___
12 ___ ___, ___
13 ___ ___, ___

b) Verbinden Sie Satzanfang und -ende miteinander.

1 Hast du dich mit
2 Mein Arm
3 Ihre Ohren
4 Er hat sich sein
5 Bei dem Unfall habe ich mir mein Bein
6 Das Kind hat sich am Herd
7 Haben Sie auch in der

A Nacht Schmerzen?
B tut weh.
C den Finger verbrannt.
D der Schere geschnitten?
E gebrochen.
F sind entzündet.
G Knie verletzt.

1	2	3	4	5	6	7

3 ARZTGESPRÄCHE

a) Ergänzen Sie die Wörter.

Arzt: Guten T___ (1). Was fehlt Ih___ (2) denn?
Patient: Guten Tag, Herr Doktor. Mir tut mein Be___ (3) weh.
Arzt: Das linke oder das rec___ (4)?
Patient: Es ist das linke.
Arzt: Und wie lange haben Sie die Schm___ (5) schon?
Patient: Seitdem ich letzte Woche einen Fahrradunf___ (6) hatte. Ich dachte, dass ich mich nur am Knie verl___ (7) habe. Aber nun t___ (8) das ganze Bein w___ (9).
Arzt: Ja, ich verstehe. Können Sie es denn noch ganz normal bew___ (10)?
Patient: Ja, das geht schon, aber jede Bewe___ (11) schmerzt.
Arzt: Gut. Dann müssen Sie Ihr Bein schonen und so we___ (12) wie möglich bewegen. Ich verschreibe Ihnen Schmerztabl___ (13) für die Nacht. Wenn es in einer Woche noch nicht besser ist, dann kommen Sie bitte noch einmal vorbei und wir röntgen Ihr Bein.
Patient: Ja, okay. Vielen Da___ (14).
Arzt: Auf Wiedersehen und gute Bess___ (15).

b) Bringen Sie den Dialog zwischen der Ärztin und der Mutter in die richtige Reihenfolge.

A Hallo. Es geht ihr leider sehr schlecht. Sie hat kaum geschlafen letzte Nacht.
B Oh je, mein armes Mäuschen. Welche Medizin kann ich ihr geben?
C Guten Morgen. Wie geht es Ihrer Tochter?
D Hm. Dann legen Sie sie bitte hier hin. Ich möchte sie untersuchen.
E Auf Wiedersehen und gute Besserung!
F Da die Entzündung sehr stark ist, müssen Sie ihr ein Antibiotikum geben. Außerdem stelle ich noch ein Rezept für einen Fieber- und Schmerzsaft aus. Damit kann sie gut schlafen. Die Dosierung finden Sie auf dem Beipackzettel.
G Ja, natürlich.
H Es ist ganz wichtig, dass Sie Ihrem Kind viel Ruhe ermöglichen. Es sollte ein paar Tage zu Hause bleiben. Brauchen Sie eine Krankmeldung für Ihren Arbeitgeber?
I Oh, ihre Ohren sind ganz rot und entzündet. Und Fieber hat sie auch. Kein Wunder, dass sie bei diesen Schmerzen nicht schlafen konnte.
J Ja bitte, das brauche ich. Vielen Dank, Frau Dr. Lauer. Auf Wiedersehen.
K Alles klar. Vielen Dank. Worauf muss ich noch achten?

1	2	3	4	5	6	7	8	9	10	11
C										

4 SUBJEKT UND AKKUSATIVOBJEKT

Markieren Sie in den folgenden Sätzen das Subjekt grün, das Verb rot und das Akkusativobjekt blau.

1 Das neue Buch hat die Lehrerin im Internet bestellt.
2 Ich brauche dringend neue Schuhe für den Winter.
3 Entschuldigung, ich habe unseren Termin komplett vergessen!
4 Bitte hängen Sie Ihre Jacken an der Garderobe auf.
5 Wo findet man ein gemütliches Café in dieser Stadt?
6 Anschließend müssen Sie die Karotten in Scheiben schneiden.
7 Unsere Patienten erreichen uns auch am Wochenende per E-Mail.
8 Er heiratet sie im Sommer.
9 Judith hat endlich ihr Studium der Medizin begonnen.

5 *WERDEN* ALS VOLLVERB

a) Ergänzen Sie die Formen von *werden*.

wurde | sind ... geworden | werde | wirst | war ... geworden | werdet | wird | werden

1 Stimmt es, dass du Arzt ______?
2 Mein Deutsch ______ immer besser.
3 Bei uns ist die Heizung ausgefallen und wir ______ alle krank ______.
4 Ich ______ hier noch verrückt.
5 Wenn ihr müde ______, geht in der Pause an die frische Luft!
6 Meine jüngere Tochter ______ Richterin. Heute arbeitet sie am Verwaltungsgericht.
7 Der Wind ______ schon zum Sturm ______, als wir ankamen.
8 ______ Sie bitte nicht laut, das ist eine sachliche Diskussion!

b) Ergänzen Sie die Formen von *werden* als Vollverb in der Tabelle.

	Präsens	Präteritum	Perfekt	Plusquamperfekt
ich				
du				
er/es/sie				
wir				
ihr				
sie/Sie/Sie				

6 *SEIN, BLEIBEN, WERDEN*

Ergänzen Sie die Verben *sein, bleiben* und *werden* in der richtigen Form.

1 Der Wievielte ______ heute? – Der 17. Juli.

2 Morgen habe ich Geburtstag. – Oh, wie alt ______ du denn? – Ich ______ 18.

3 Wo ______ nur das Essen? Wir warten jetzt schon eine Dreiviertelstunde! – Das Essen ______ gleich fertig.

4 Mach die Musik leiser! Die ______ viel zu laut! Man ______ noch verrückt bei dem Lärm!

5 ______ hier noch frei? – Sicher! Setzen Sie sich!

6 Was willst du denn mal ______, wenn du groß ______? – Feuerwehrmann.

7 Was machen Sie beruflich? – Ich ______ Hausmann und Vater. Ich ______ zu Hause.

8 Am Anfang ______ ich schlecht im Kurs. Aber dann bin ich immer besser ______.

9 Wie ______ das Wetter morgen? – Es ______ wohl so schön wie heute.

10 Hunde müssen draußen ______. (Schild an Lebensmittelgeschäften)

11 Bist du gestern auf der Party ______? – Nein, ich bin zu Hause ______.

12 Was ist eigentlich aus Peter ______? – Er ______ nach dem Studium ein Jahr in Frankreich und hat dann eine eigene Firma gegründet.

7 MODALVERBEN

a) Ergänzen Sie die Dialoge mit den passenden Modalverben. Manchmal gibt es mehrere Lösungen. Achten Sie auf die richtige Zeitform.

1 ■ Mama, ich ______ mit meinen Freunden ins Kino gehen. Darf ich bitte?

♦ Nein, Hanna, du ______ nicht! Du ______ dieses Wochenende für die Prüfung lernen.

2 ▲ Sie ______ das Projekt bis Ende des Monats abschließen!

● Das ist unmöglich. Ohne die Hilfe eines Kollegen ______ ich das zeitlich nicht schaffen.

3 ■ Weißt du noch, wann du angefangen hast zu sprechen?

♦ Oh, spät. Ich ______ bis zu meinem 2. Geburtstag nur *Mama* und *nein* sagen.

4 ▲ Ich ______ mich hinlegen. Meine Kopfschmerzen bringen mich um.

● Ich denke, dass du mehr trinken ______. Ein Glas reicht nicht für den ganzen Tag.

5 ■ Entschuldigung, aber hier ______ Sie heute nicht durchfahren. Sie ______ der Umleitung folgen.

♦ Oh nein! Bitte lassen Sie mich durch. Ich ______ schnell zum Flughafen fahren.

■ Nein, das geht nicht. Wir ______ keine Ausnahmen machen.

6 ▲ Warum ______ du heute Abend nicht mitkommen?

● Ich ______ schon. Aber ich ______ nach Hause, weil ich morgen um 7:30 Uhr einen Termin habe.

b) Bilden Sie Sätze bzw. Fragen in der passenden Zeitform.

1 dürfen / machen / du / gestern / früher / Feierabend / ?

______

2 möcht- / trinken / ihr / Kaffee oder Tee / ?

______

3 die Studenten / keine Exkursion / wollen / im vergangenen Semester / machen / .

______

______

4 Katrin / können / spielen / Schach / sehr gut / .

______

5 wann / du / müssen / als Kindergartenkind / gehen / schlafen / ?

______

6 du / warum / möcht- / nicht / essen / die Nudeln / ?

______

8 *LASSEN* ALS VOLLVERB

a) Wählen Sie die richtige Form von *lassen* aus und streichen Sie die falsche Form durch. Ordnen Sie den Sätzen anschließend eine Bedeutung (A-C) von *lassen* als Vollverb zu.

Bedeutungen von *lassen* als Vollverb:

A eine Sache nicht mehr tun

B jemandem eine Sache erlauben, jemanden nicht stoppen

C eine Sache nicht mitnehmen

1 Lassen / Lasst Sie das Geschrei! (Bedeutung)

2 Sie hat ihre Tasche im Büro gelassen / gelasst. (Bedeutung)

3 Ich lasse / lässe das Rauchen. (Bedeutung)

4 Sie lasset / lässt ihm seinen Spaß. (Bedeutung)

5 Die Schüler machten ein Projekt und ließen / lassten ihr Smartphone einen Tag zu Hause. (Bedeutung)

b) Ergänzen Sie die Formen von *lassen* als Vollverb in der Tabelle.

	Präsens	Präteritum	Perfekt	Plusquamperfekt
ich				
du				
er/es/sie				
wir				
ihr				
sie/Sie/Sie				

1 NOTFÄLLE

a) Sammeln Sie so viele Wörter wie möglich zu den Bildern.

die Feuerwehr, /

der Feuerwehrmann, ¨-er
die Feuerwehrfrau, -en

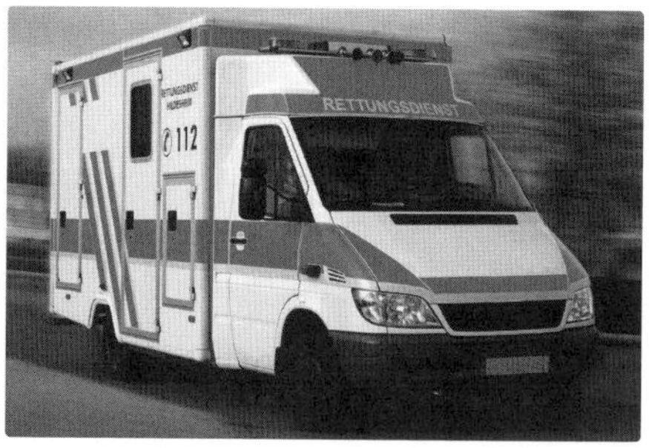

b) Lösen Sie das Kreuzworträtsel.

1 etwas Schlimmes passiert auf der Straße
2 Synonym für *Kranken-versicherung*
3 Telefonat mit der Polizei oder dem Notarzt, um Hilfe zu holen
4 Mann, den man ruft, damit er ein Feuer löscht
5 Frau, die bei der Polizei arbeitet
6 kleine Karte von der Krankenversicherung
7 Fahrzeug zum Transport von kranken und verletzten Personen
8 Wunde am Körper, zum Beispiel nach einem Unfall
9 dort ruft man an, wenn es brennt
10 etwas Schlimmes passiert
11 Organisation zum Schutz der Menschen vor Verbrechen oder Gewalt
12 Person, die mit dem Krankenwagen kommt und Menschen rettet

Lösungswort:

1	2	3	4	5	6

2 NOTFALLMELDUNG

Arbeiten Sie zu zweit. Person A arbeitet bei der Rettungsleitstelle. Person B wählt eine Rolle bzw. Situation (1-6). Er/Sie ruft bei der Rettungsleitstelle an und meldet einen Notfall.
Spielen Sie den Dialog. Achten Sie darauf, dass Sie die W-Fragen (Wo? Was? Wie? ...) stellen und beantworten. Nutzen Sie Ihre Fantasie für Informationen, die nicht vorgegeben sind.

1 Anruferin: Ilse Macherei
Wo? Domplatte in Köln
Was? Mann liegt auf dem Boden, bewusstlos

2 Anruferin: Sarah Klausen
Wo? Grundschule Hahnenwald
Was? Schüler ist vom Stuhl gefallen, Platzwunde am Kopf

3 Anrufer: Mohammad Yildrim
Wo? im Stadtpark
Was? Mädchen von Hund gebissen, bewusstlos

4 Anrufer: Karl Meier
Wo? Tennisplatz
Was? Frau hat starke Schmerzen im Bauch

5 Anruferin: Tatiana Romanova
Wo? Bushof
Was? zwei Autos sind ineinander gefahren, ein Fahrer blutet aus dem Ohr

6 Anruferin: Lisa Kinderlos
Wo? Appartment 3, Mozartstraße 4
Was? Küche ist voller Rauch

3 PASSIV – REZEPT

a) Lesen Sie die Notizen für ein Kochrezept. Was wird hier zubereitet? Ergänzen Sie den Titel in b).

1 Mehl, Wasser, Öl, Hefe und Salz zu einem festen Teig vermischen
2 den Teig 60 Min. an einen warmen Ort stellen
3 das Backblech einfetten
4 den Teig ausrollen
5 den Teig mit Tomatensoße bestreichen
6 den Fladen mit geriebenem Käse bestreuen
7 den Fladen mit Gemüse oder Wurst belegen
8 den Fladen bei 250 °C ca. 15-20 Min. backen

b) Schreiben Sie das Rezept aus a) jetzt in ganzen Sätzen. Verwenden Sie das Passiv.

Rezept für

1 Mehl, Wasser, Öl, Hefe und Salz werden zu einem festen Teig vermischt.

2

3

4

5

6

7

8

Guten Appetit!

4 PASSIV UND PASSIVFÄHIGKEIT

Schreiben Sie die Sätze im Passiv, wenn möglich. Achten Sie dabei auf die Zeitform. Achtung: Einige Verben können kein Passiv bilden! Warum nicht?

1 Der Schreiner repariert den Tisch.

2 Die Politiker beschließen ein neues Gesetz.

3 Ein Hund hat unseren Nachbarn gebissen.

4 Der Student macht die Hausaufgaben.

5 Der Assistent schrieb 22 Briefe.

6 Der Mechaniker hatte den Wagen noch nicht repariert, als der Besitzer sich nach dem Auto erkundigte.

7 Der Frisör hat die Haare gut geschnitten.

8 Das Zimmermädchen hatte gerade die Betten gemacht, als die zwei Frauen das Zimmer betraten.

9 Der Busfahrer steuerte den Bus gegen eine Laterne.

10 Der Koch bereitete ein besonders gutes Essen zu.

11 In der Vorlesung schreiben die Studenten den Text des Dozenten ab.

12 Früher haben Fabriken die Luft stärker verschmutzt.

13 Am Samstag hatte der Professor bereits alle Prüfungen korrigiert und er hatte deshalb am Sonntag frei.

14 Im Büro wurde es dunkel, sodass der Kollege das Licht einschaltete.

15 Ich war sehr glücklich, als ich 18 wurde.

5 FLIEGERBOMBEN

a) Lesen Sie die Texte 1 bis 3. Zu welchem Text (1 oder 2) passt das Chat-Gespräch (Text 3)?

TEXT 1: FLIEGERBOMBE IN ESSEN GEFUNDEN

Erneut ist ein Blindgänger aus dem Zweiten Weltkrieg auf dem Werksgelände eines Essener Traditionsunternehmens gefunden worden. Die Entschärfung läuft seit Mittag.

Bei einer routinemäßigen Suche haben die Mitarbeiter des Kampfmittelbeseitigungsdienstes in den Morgenstunden eine Weltkriegsbombe auf einem Werksgelände nahe der Südstraße aufgespürt, wie die Stadt mitteilte. Für die seit Mittag laufende Entschärfung evakuierte die Polizei den gesamten Stadtteil Schuir. Mehr als 800 Bewohner mussten ihre Häuser und Wohnungen verlassen und sind in diesen Stunden in Turnhallen der umliegenden Ortsteile untergebracht. Wie lange die Entschärfung noch andauert, ist unklar. Bereits im Sommer 2015 wurde auf einem nördlicheren Teil des Geländes desselben Unternehmens eine Weltkriegsbombe gefunden.

Meldungen über Funde dieser Art gibt es vor allem im Ruhrgebiet häufig, zuletzt Anfang des Monats in Duisburg. Etliche weitere Fliegerbomben sollen im Boden schlummern, wie viele genau, weiß niemand. Schätzungen zufolge sollen die Alliierten Ende des Zweiten Weltkriegs allein über dem Ruhrgebiet 160.000 Tonnen Bombenlast abgeworfen haben. Experten vermuten, dass es sich davon bei 5 bis 15 Prozent um Blindgänger handelt, die bis heute eine große Gefahr darstellen, denn Erschütterungen und Kontakt beispielsweise durch Bauarbeiten können die Sprengkörper leicht zur Explosion bringen.

TEXT 2: BOMBENKRIEG ÜBER DEUTSCHLAND

Zwischen 1940 und Kriegsende warfen die Royal Air Force und die US-Luftwaffe fast 2 Millionen Tonnen Bomben auf Deutschland. Dabei wurden Städte verwüstet und hunderttausende Zivilisten getötet. Unzählige Familien verloren ihr Zuhause, bevor Deutschland kapitulierte. Vor allem industrielle Ballungsräume wie Köln, Berlin und das Ruhrgebiet waren wichtige Angriffsziele der Alliierten. Noch heute liegen tausende Tonnen Munition im Boden. Die Zahl der Blindgänger, die noch nicht entdeckt wurden, wird auf 100.000 geschätzt.

TEXT 3

< Chats Chris 11:56

Hey Timo! Schon gehört? Wir kommen nicht in unsere Wohnung rein!!

Wie? Was ist los?

Chris?!?

Ja, sag mal: Hörst du etwa kein Radio????
In ______ (1) wurde doch eine ______ (2) gefunden!!

???? Wahnsinn!! Und nu?

Die ______ (3) hat gerade den ganzen ______ (4) evakuiert. Wurden mit Bussen in eine ______ (5) gebracht und können erst wieder zurück in die Wohnung, wenn die Bombe ______ (6) wurde.

Krass! Wo liegt denn die Bombe? Doch nicht etwa unter unserer Wohnung?? Wie unheimlich ...

Nein, auf dem ______ (7) von der Firma um die Ecke. Aber stell dir mal vor, die Bombe wäre hochgegangen. Unser Haus wäre definitiv auch in die Luft geflogen. Ganz gruselig ...

Stimmt ... Wie lange dauert denn so eine ______ (8)?

Keine Ahnung! Die haben uns nichts dazu gesagt.

So ein Mist! Ich hab meinen Laptop nicht dabei. Der liegt noch aufm Schreibtisch ... Heute ist doch Abgabe meiner Hausarbeit!

Oh nein! Ich hoffe, du hast eine Kopie gemacht?!

Ja, klar! Aber ich muss noch ein paar Sachen im Literaturverzeichnis korrigieren. Womit soll ich denn jetzt arbeiten? Wenn ich das gewusst hätte ... Bin nur kurz in die Bib gefahren, um meine Bücher zurückzugeben. Wollte mich gleich direkt wieder an die Arbeit machen.

Kannst dir mein Notebook leihen, hab ich mitgenommen. Ich bring's dir vorbei. Wollte eh gerade einen Kaffee trinken fahren. Die Luft hier in der Turnhalle lässt zu wünschen übrig

Oh, super! Du bist meine Rettung! Ich bin noch an der Uni. Treffen wir uns neben der Cafeteria?

Ja, alles klar. Bin so in einer halben Stunde da!

b) Ergänzen Sie den Chat mithilfe der Informationen aus dem passenden Text oben.

c) Welches Problem hat Timo? Welche Lösung finden die Mitbewohner für das Problem?

d) Richtig oder falsch? Kreuzen Sie an und korrigieren Sie die falschen Aussagen mithilfe der Texte.

Text 1

R F 1 Am Mittag wurde ein Blindgänger aus dem Zweiten Weltkrieg in Essen gefunden.
Korrektur:

R F 2 Mitarbeiter eines Essener Traditionsunternehmens haben die Bombe aufgespürt.
Korrektur:

R F 3 Ein Großteil des Ortsteils Schuir wurde evakuiert.
Korrektur:

R F 4 Die Bewohner sind in einer Turnhalle des benachbarten Stadtteils untergebracht.
Korrektur:

R F 5 Schon einmal wurde auf dem Gelände des Traditionsunternehmens eine Fliegerbombe gefunden.
Korrektur:

R F 6 160.000 Tonnen Bombenlast schlummern noch immer im Ruhrgebiet.
Korrektur:

R F 7 Bis heute können die Blindgänger durch Kontakt oder Erschütterung explodieren.
Korrektur:

Text 2

R F 8 Während des Krieges wurden fast 2 Mio. t Bomben über Deutschland abgeworfen.
Korrektur:

R F 9 Deutsche Städte wurden zu Wüsten.
Korrektur:

R F 10 Durch die Kapitulation verloren unzählige Familien ihr Zuhause.
Korrektur:

R F 11 Die Alliierten warfen ihre Bomben nur auf industrielle Ballungsräume.
Korrektur:

R F 12 Man weiß, dass noch rund 100.000 Blindgänger im Boden liegen.
Korrektur:

Text 3

R	F	13	Timo hatte bereits von der Entschärfung gehört, als Chris ihm schrieb. Korrektur:
R	F	14	Chris ist jetzt in der Turnhalle. Korrektur:
R	F	15	Die beiden finden es lustig, dass die Bombe direkt neben ihrem Haus lag. Korrektur:
R	F	16	Timo muss seine Hausarbeit morgen früh abgeben. Korrektur:
R	F	17	Chris fühlt sich wohl in der Turnhalle. Korrektur:
R	F	18	Die beiden treffen sich in einer halben Stunde in der Uni-Cafeteria. Korrektur:

e) Hier ist etwas durcheinandergeraten! Stellen Sie die Wörter wieder korrekt zusammen.

ab-spüren | auf-werfen | Be-plosion | Blind-schärfung | Bomben-mittel | ent-kuieren | Ent-bombe | eva-schärfen | Ex-seitigung | Flieger-gänger | Kampf-körper | Spreng-last

1 ab

2 auf

3 die Be

4 der Blind

5 die Bomben

6 ent

7 die Ent

8 eva

9 die Ex

10 die Flieger

11 das Kampf

12 der Spreng

f) Markieren Sie in e) alle Wörter, die Synonyme für *Bomb*e sind.

g) Bilden Sie mit den Verben aus e) Sätze.

zu 1:

zu 2:

zu 6:

zu 8:

h) Wann wurde zuletzt eine Fliegerbombe in Deutschland gefunden und entschärft? Wie häufig passiert so etwas? Was schätzen Sie? Recherchieren Sie Informationen dazu im Internet. Stellen Sie einen Fall Ihrer Wahl im Kurs vor.

6 KRIMINALGESCHICHTEN

Ergänzen Sie Artikel und Plural der Personen. Sammeln Sie anschließend passende Verben und Adjektive.

	Was tun die Personen? Welche Verben passen zu den Personen?	Welche Adjektive passen zu den Personen?
___ Mörder, ___		
___ Einbrecher, ___		
___ Bankräuber, ___		
___ Kommissar, ___		
___ Zeuge, ___		
___ Opfer, ___		

7 AKTIV UND PASSIV – EINBRUCH INS MUSEUM

a) Lesen Sie den Text und markieren Sie in zwei Farben alle Verben im Aktiv bzw. im Passiv.

Es war Nacht. Niemand war unterwegs, nichts bewegte sich. Die ganze Stadt schlief. Doch dann, um Viertel nach 2, wurde langsam, ganz vorsichtig, das schwere Tor zum Hof der Kunstgalerie Martens geöffnet. Kurz darauf wurde ein kleiner Draht ins Schloss der Gebäudetür geschoben. Einige Sekunden vergingen, bis die Tür sich öffnete. Die Alarmanlage wurde deaktiviert.

Im Gebäude wurde eine Taschenlampe eingeschaltet. Mehrere Räume wurden durchquert, wobei viele Kunstwerke mal kürzer, mal länger von der Taschenlampe angeleuchtet wurden. Im hinteren Zimmer der Galerie blieb die Person stehen. Es war der Raum, in dem archäologische Funde aus dem Mittelalter ausgestellt wurden. Darunter befanden sich auch viele wertvolle Schmuckstücke, die vom Staatlichen Archäologischen Museum ausgeliehen worden waren.

Leise wurde ein Glasschneider auf eine der Vitrinen gesetzt. Mit dem Messer wurde ein kreisrundes Loch ins Glas der Vitrine geschnitten. Von einer Hand in einem dunklen Handschuh wurden daraufhin die Schmuckstücke aus der Vitrine vorsichtig in einen Koffer gepackt. Doch dann passierte es: Plötzlich fiel ein goldener Krug um – KRAWUMM! Der ganze Saal wurde von einem lauten Scheppern erfüllt. Der Lärm drang bis in die kleine Wohnung des Hausmeisters im ersten Stock. Und der Hausmeister, Herr Müller, hatte einen leichten Schlaf! Er wachte sofort auf. Schnell ...

b) Die Polizei hat drei Verdächtige ermittelt. Welche Person ist Ihrer Vermutung nach der Täter / die Täterin? Diskutieren Sie zu zweit.

Tom Martens
Sohn des Galeriebesitzers Martens, hat schon als Kind in den Räumen des Museums gespielt

Lisa Müller
Frau des Hausmeisters, lebt auch in der kleinen Hausmeister-wohnung über der Galerie

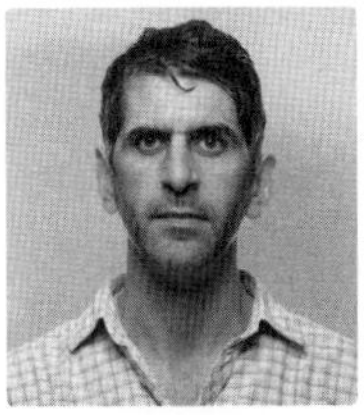

Frank Tabens
war Sicherheitswachmann der Galerie Martens, wurde vor einem Monat wegen Diebstahls der Kaffeekasse entlassen

c) Schreiben Sie die Geschichte mit dem Täter / der Täterin als Hauptperson. Schreiben Sie im Aktiv.

d) Und wie geht es weiter? Schreiben Sie die Geschichte zu Ende.

8 PASSIV MIT MODALVERBEN – SCHULREGELN

a) Kevin hat die Schulordnung nicht befolgt. Zur Strafe muss er alle Regeln ins Aktiv setzen (*ich*-Form). Ergänzen Sie die fehlenden Sätze aus Kevins Strafarbeit und aus der Schulordnung.

	Aktiv	Passiv
	Strafarbeit, Kevin Strobel	**Schulordnung**
1	Ich darf im Gebäude keine Zigaretten rauchen.	Im Gebäude dürfen keine Zigaretten geraucht werden.
2	Ich muss den Klassencomputer nach Gebrauch ausschalten.	
3	Ich darf meinen Müll nicht auf den Schulhof werfen.	
4		Snacks und Getränke können am Kiosk gekauft werden.
5	Ich soll den Müll trennen.	
6	Ich muss das Klassenzimmer nach dem Unterricht sauber hinterlassen.	
7		Die Stühle müssen nach dem Unterricht auf die Tische gestellt werden.

b) Kevin ist sehr wütend über die Strafarbeit. Da erzählt Kevins Opa, wie es früher in der Schule war. Damals war es viel strenger. Ergänzen Sie die fehlenden Sätze im Präteritum.

	Aktiv	Passiv
	Kevins Opa erzählt:	**Schulregeln von früher**
1	Wir	In der Schule musste eine Schuluniform getragen werden.
2	Wir durften auf dem Schulhof keinen Lärm machen.	
3	Wir	Dem Lehrer sollten nur Antworten in ganzen Sätzen gegeben werden.
4	Der Lehrer konnte uns für falsche Antworten bestrafen.	
5	Der Lehrer durfte uns mit dem Stock schlagen.	

9 PASSIV MIT/OHNE MODALVERB – FUßBALL

Ergänzen Sie die fehlenden Sätze und schreiben Sie in die rechte Spalte die Zeitform. Lassen Sie im Passiv den Täter weg, wenn möglich.

	Aktiv	Passiv	Zeitform
1	Der Trainer lobt seine Mannschaft.	Die Mannschaft wird gelobt.	Präsens
2	Der Torwart hat	Zwei Elfmeter wurden im Länderspiel gehalten.	Perfekt bzw. Präteritum
3	Der Spieler	Vor dem Spiel war die Kondition hart trainiert worden.	
4	Beide Mannschaften haben guten Fußball gezeigt.		
5	Der Stürmer wollte mehr Tore für Deutschland schießen.		

6	Der Trainer	Im Rückspiel soll ein neuer Spieler eingesetzt werden.	
7	Die Spieler sollen gegnerische Stürmer besser abwehren.		
8	Die Mannschaft hat drei wichtige Punkte für Deutschland gemacht.	wurden	

10 VERBSTRUKTURTEST – WER HATTE SCHULD AN DEM UNFALL?

Ergänzen Sie die Verben im Präteritum (ein Wort pro Lücke). Einige Sätze stehen im Passiv.

1 Vom Radfahrer ______ der Unfall so ______ (beschreiben):

2 Ich ______ die Straße entlang und ______ zur Kreuzung (fahren, kommen).

3 Da ______ zwei Pinguine aus der Straßenbahn und ______ über die Straße (steigen, gehen).

4 Ich ______ plötzlich ______ und ______ auf die Straße (bremsen müssen, fallen).

5 Der Autofahrer hinter mir ______ auch (bremsen).

6 Dabei ______ ein anderes Auto gegen den Wagen (stoßen).

7 Die Autos ______ bei dem Unfall ______ (beschädigen).

8 Ich ______ bei dem Unfall ______ (verletzen).

9 Ich ______ am Arm und am Kopf (bluten).

10 Es ______ sehr laut und es ______ ein großes Chaos (sein, geben).

11 Die Pinguine ______ bei dem Unfall glücklicherweise nicht ______ (verletzen).

12 Sie ______ ______ wohl die Stadt ______, aber sie ______ ______ nicht ______ (sich ansehen wollen, sich auskennen).

13 Die Pinguine ______ von einem Zeugen ______ (sehen). Ganz sicher!

14 Der Radfahrer ______ auf Alkohol im Blut ______ (untersuchen).

11 WELTGLÜCKSTAG

a) Lesen Sie die Begriffe aus dem folgenden Hörtext und ordnen Sie die Bedeutungen zu.

1	etw. (A) zum Anlass nehmen	A	jemand, der immer Glück hat
2	der Pechvogel, ¨	B	etw. (A) von einer Person bekommen, die gestorben ist
3	der Glückspilz, -e	C	jdn./etw. (A) jagen
4	etw. (A) bestätigen	D	etwas Falsches oder Peinliches tun oder sagen
5	jdn./etw. (A) verfolgen	E	Unzufriedenheit äußern
6	ins Fettnäpfchen treten	F	anderes Wort für Glückspilz
7	etw. (A) mit Humor nehmen	G	Phase mit vielen unglücklichen Zufällen
8	sich über etw. (A) beklagen	H	über etw. (A) lachen
9	das Sonntagskind, -er	I	jemand, der immer Pech hat
10	die Pechsträhne, -n	J	eine Situation nutzen, um etwas Bestimmtes zu tun
11	etw. (A) erben	K	etw. (A) für richtig erklären

1	2	3	4	5	6	7	8	9	10	11

b) Erstes Hören: Bearbeiten Sie die Aufgaben.

1 Wie lautet die Frage, die der Reporter den Passanten und Passantinnen wahrscheinlich gestellt hat?

2 Was passt zu wem? Kreuzen Sie an.

	Glückspilz	Pechvogel	keins von beiden
Passantin 1			
Passant 2			
Passant 3			
Passantin 4			

c) Zweites Hören: Bearbeiten Sie die weiteren Aufgaben.

1 Worin besteht das Glück bzw. Pech für die Passanten und Passantinnen? Notieren Sie Stichpunkte. Machen Sie einen Strich, wenn es keine Informationen gibt.

	Glück	Pech
Passantin 1		
Passant 2		
Passant 3		
Passantin 4		

2 Richtig oder falsch? Kreuzen Sie an.

R	F	1	Der 20. Mai wurde offiziell zum Weltglückstag erklärt.
R	F	2	Auch die Freunde von Passantin 1 werden vom Pech verfolgt.
R	F	3	Passantin 1 hat sich im Sportunterricht fünfmal etwas gebrochen.
R	F	4	Wenn Passantin 1 wandern geht, regnet es aller Wahrscheinlichkeit nach.
R	F	5	Passant 2 hat sich von seiner ersten Frau scheiden lassen.
R	F	6	Passant 2 hat zwei Kinder mit seiner neuen Frau.
R	F	7	Die Eltern von Passant 3 finanzieren sein Studium.
R	F	8	Passant 3 glaubt, dass sein Glück anhält.
R	F	9	Passantin 4 hat viel Geld geerbt.
R	F	10	Das Geld macht Passantin 4 sehr glücklich.

d) Was bedeutet das Sprichwort „Wenn dir das Leben eine Zitrone reicht, mach Limonade draus!" aus dem Hörtext? Erklären Sie es in eigenen Worten.

e) Sind Sie eher ein Pechvogel oder ein Glückspilz? Warum? Schreiben Sie einen Text.

f) Ergänzen Sie in den Sprichwörtern die Wörter *Glück* oder *Pech*.

1 Scherben bringen ______.

2 Wer als Glückspilz geboren wird, ist ein Pechvogel, denn wer nie ______ hat, weiß ______ nicht zu schätzen.

3 ______ ist das Einzige, was wir anderen geben können, ohne es selbst zu haben.

4 ______ ist wie das Licht, es braucht den Schatten des Leids.

5 ______ in der Liebe, ______ im Spiel.

6 Wenn wir ______ haben, ist das ______ nicht weg. Das hat dann nur ein anderer.

12 *LASSEN* + INFINITIV – IN DEUTSCHLAND IST ES ANDERS

In Eileens Heimat ist die Schule strenger als in Deutschland. Ergänzen Sie, was deutsche Eltern bzw. Lehrer die Kinder machen lassen. Benutzen Sie *lassen* + Infinitiv des Verbs.

1 In meiner Heimat dürfen die Kinder nicht alleine zur Schule laufen. ↔ In Deutschland lassen die Eltern ihre Kinder alleine zur Schule laufen. (alleine zur Schule laufen)

2 In meiner Heimat müssen Schüler eine Schuluniform tragen. ↔ In Deutschland lässt die Schule ______ (bunte Kleidung tragen)

3 In meiner Heimat dürfen Schüler keine farbigen Turnschuhe anziehen. ↔ In Deutschland ______ (farbige Turnschuhe anziehen)

4 In meiner Heimat sind Handys in der Schule verboten. ↔ In Deutschland lassen die Lehrer ______ (Handys in der Schule benutzen)

5 In meiner Heimat darf man kein Wörterbuch im Unterricht verwenden. ↔ In Deutschland ______ ↔ (Wörterbuch verwenden)

6 In meiner Heimat müssen Schüler immer lernen und dürfen nie Quatsch machen. ↔ In Deutschland ______ ______ (manchmal Quatsch machen)

13 *LASSEN* – NEULICH IN DER WG ...

Setzen Sie die Verben in der korrekten Form ein! Es kommen vor: Präsens und Perfekt.

- ♦ (1) Hallo Verena, ______ du mich kurz ______ (hereinkommen lassen)?
- ■ (2) Natürlich ______ ich dich ______ (hereinlassen). (3) ______ mich ______ (raten lassen): Du willst kurz aus dem Fenster sehen, weil der Sportstudent von gegenüber ...
- ♦ Nein! (4) Wir haben doch letzte Woche meine Heizung ______ ______ (reparieren lassen). Aber es wird in meinem Zimmer nicht richtig warm. (5) ______ du mich kurz mal an deiner Heizung ______ (fühlen lassen), ob sie warm ist?
- ■ (6) Hast du vielleicht das Fenster wieder offen ______ (lassen)?
- ♦ Natürlich nicht!
- ■ (7) Dann ______ dich nicht ______ (aufhalten lassen)! Da, unter dem Fenster ...
- ♦ Danke dir.
- ■ Hey, irgendwie siehst du heute anders aus. (8) ______ du dir die Haare ______ ______ (schneiden lassen)? Das sieht gut aus!
- ♦ Danke! (9) Ich ______ sie mir auch ______ ______ (färben lassen)? Es gefällt dir also wirklich?
- ■ Ja! Sehr gut. Aber wieso trägst du Sportkleidung? ... Ronja?
- ♦ (10) Hach, er ______ immer den kleinen Hund ohne Leine ______ (mitlaufen lassen).
- ■ Wer? Wovon sprichst du?
- ♦ Ach nichts. – (11) So, ich ______ dich jetzt wieder allein (lassen).
- ■ Bitte? Was ist denn mit der Heizung? (12) Sollen wir den Installateur noch einmal ______ ______ (kommen lassen)?
- ♦ Keine Zeit! (13) Ich kann ihn doch nicht einfach alleine ______ ______ (joggen lassen)!
- ■ Wen? – Aha! (14) Der Sportstudent ______ ______ (bitten lassen). Also doch ...

14 *DASS*-SÄTZE – UNFALLBERICHT VON LI

Li ist mit Elke verabredet, aber er kommt nicht, sondern ruft eine halbe Stunde später an. Er hatte einen Unfall. Lesen Sie den Dialog und schreiben Sie dann die Sätze zu Ende. Vermuten Sie, wo Li jetzt ist (Satz 9). Eine Lücke kann mehrere Wörter enthalten.

Li: Hallo Elke, tut mir leid, dass ich erst jetzt anrufe. Ich hatte einen kleinen Unfall.
Elke: Ist dir etwas passiert?
Li: Nur ein paar Schrammen. Nichts Ernstes!
Elke: Was ist denn geschehen?
Li: Ich bin mit dem Fahrrad gefahren. Auf der Straße lagen ein paar Glasscherben. Da bin ich drüber gefahren und der Vorderreifen ist geplatzt.
Elke: Und was ist dann passiert?
Li: Dann bin ich ausgerutscht und mit meinem Rad in den Straßengraben gefallen. Zuerst habe ich gedacht, dass ich mir alle Knochen gebrochen habe. Aber alles halb so wild – so sagt man doch, oder? Aber das Vorderrad ist total verbogen. Ich muss wohl ein neues kaufen; ich glaube kaum, dass man das noch reparieren kann.
Elke: Und wo bist du jetzt?
Li: ...

1 Li erzählt, ____ mit dem Fahrrad gefahren ____.

2 Er sagt, ____ ein paar Glasscherben auf der Straße ____ und er ____ diese gefahren ____.

3 Das war der Grund dafür, ____.

4 Li berichtet weiter, ____ und ____ in den Straßengraben ____.

5 Zuerst ____ gedacht, ____ alle Knochen gebrochen ____, erzählt er.

6 Aber dann sagt er Elke, ____ nur ein paar Schürfwunden ____.

7 Über sein Fahrrad erzählt er, ____ das Vorderrad ____.

8 Li glaubt nicht, ____.

9 Jetzt ist Li ____.

1 NEUE HEIMAT

a) Timothy kam vor sechs Wochen in Deutschland an. Lesen Sie, was er über seine Heimat und seine Ankunft in Deutschland erzählt, und ergänzen Sie die Lücken mit den passenden Wörtern in der richtigen Form. Nicht alle Wörter müssen benutzt werden.

fliehen vor (+D) | flüchten vor (+D) | fremd | die Heimat, / | das Heimatland, ¨er | die Kultur, -en | der Migrant, -en | die Naturkatastrophe, -n | die Politik, / | politisch | der Student, -en | das Studium, Studien | die Wirtschaft, / | wirtschaftlich

In meinem ______ (1) ist das Leben ziemlich schwer. Viele Leute arbeiten als Landwirte, doch sie haben große ______ (2) Probleme und nicht genug Geld für Nahrung. Dann ist auch noch eine riesige ______ (3) eingetreten und hat viele Häuser und Bauernhöfe zerstört. Meine Eltern waren sehr besorgt und hatten Angst. Sie wollten eine bessere Zukunft für mich. Deshalb habe ich mich für ein ______ (4) in Deutschland beworben – ich will Ingenieur werden. Vor sechs Wochen bin ich in Deutschland angekommen. Obwohl die ______ (5) hier sehr ______ (6) ist, habe ich mich schnell eingelebt. Ich konnte mein Deutsch schon ein wenig verbessern und fühle mich als ______ (7) sehr wohl hier. Meine ______ (8) vermisse ich aber trotzdem.

b) Markieren Sie in a) in unterschiedlichen Farben alle Verben im Präsens, Perfekt und Präteritum.

c) Jetzt lebt Timothy in Deutschland. Die Zeitung führte ein Interview mit ihm und veröffentlicht einen kurzen Artikel über ihn. Ergänzen Sie passende Modalverben im Präteritum.

Timothy K. kam vor sechs Wochen in Deutschland an. In seiner Heimat sind die Bedingungen sehr schwierig und letztes Jahr kam es zudem zu einer schlimmen Umweltkatastrophe. Tausende Häuser wurden zerstört und die Menschen ______ (1) dort nicht mehr bleiben. Sie ______ (2) ihr Zuhause und ihre Heimat verlassen. Timothys Eltern ______ (3) ihrem Sohn eine bessere Zukunft ermöglichen. Deshalb ______ (4) er nach Deutschland gehen, um zu studieren, sagten sie. Er möchte unbedingt Ingenieur werden. Er beantragte ein Visum und hatte Glück – er ______ (5) einreisen. Jetzt lebt er hier und spricht schon sehr gut Deutsch.

2 *ZU*-INFINITIV, *DASS*-SATZ UND VERBEN MIT PRÄPOSITIONEN

a) Ergänzen Sie die Fragen und die Antworten mit den passenden Präpositionen und antworten Sie mit einem *zu*-Infinitiv oder einem *dass*-Satz.

1. Worauf freust du dich? – Ich freue mich darauf, dass ich nächste Woche keinen Unterricht habe.
2. Worum muss sich Frau Meier kümmern? – Sie muss sich darum kümmern, einen Babysitter für ihre kleine Tochter zu finden.
3. ______ interessierst du dich? – Ich interessiere mich ______, ______
4. ______ hoffst du? – Ich hoffe ______, ______
5. ______ denkst du gerade nach? – Ich denke gerade ______ nach, ______

6 ______ musst du denken, bevor du in Urlaub fährst? – Ich muss ______ denken, ______

______

7 ______ kannst du dich nicht gewöhnen? – Ich kann mich nicht ______ gewöhnen, ______

______

b) Arbeiten Sie zu zweit. Stellen Sie Fragen und geben Sie Antworten wie in a).

1 MIGRATION

a) Ordnen Sie die Begriffe in die Tabelle und ergänzen Sie bei den Nomen die Artikel und die Pluralformen. Ergänzen Sie weitere Wörter.

Abwanderung | Aufenthaltstitel | sich aufhalten | Deutschkenntnisse nachweisen | Familienzusammenführung | fliehen | flüchten | Integration | Lebensunterhalt | Staatsangehörigkeit | Visumsantrag stellen | zurückkehren

Einwanderungsland	Auswanderungsland	Ein- und Auswanderungsland

b) Lösen Sie das Kreuzworträtsel.

1 dauerhafter Ortswechsel
2 Gegenteil von *einwandern*
3 Prozess, bei dem jemand ein Teil des Ganzen wird; man gehört dazu

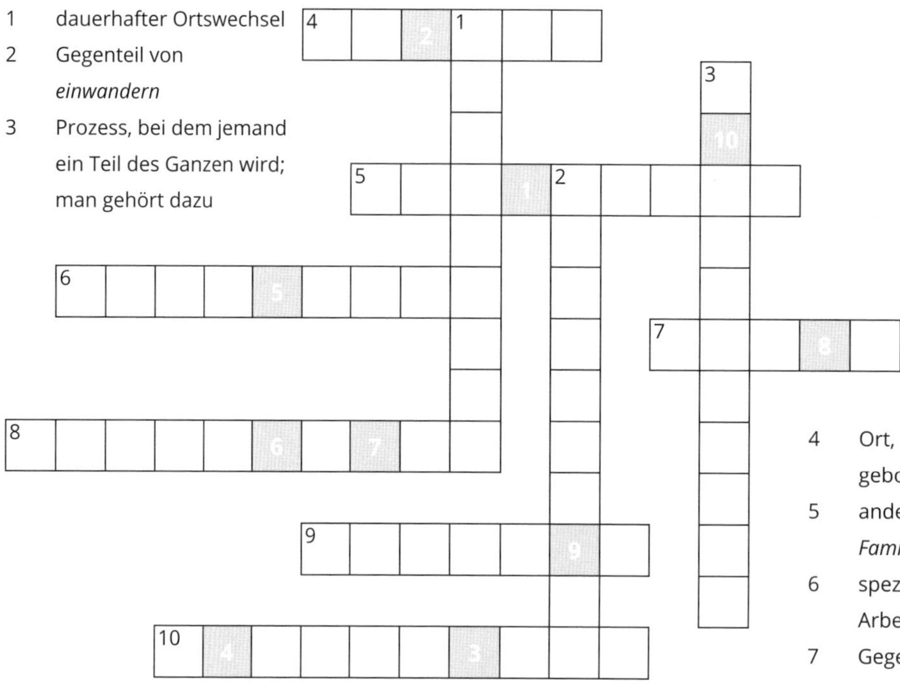

4 Ort, an dem man geboren ist
5 anderes Wort für *Familienangehörige*
6 spezialisierte Arbeitskraft
7 Gegenteil von *vertraut*
8 später nach Deutschland reisen als andere Familienmitglieder
9 anderes Wort für *flüchten*
10 jemand, der aus Angst vor Verfolgung sein Land verlässt

Lösungswort:

1	2	3	4	5	6	7	8	9	10

2 *DASS*-SATZ ODER *ZU*-INFINITIV? – STRAẞENVERKEHR

Was ist wichtig im Straßenverkehr? Ergänzen Sie den Satzanfang mit einem *dass*-Satz oder einem *zu*-Infinitiv. Bilden Sie Infinitivsätze, so oft es geht.

Im Straßenverkehr ist es wichtig, ...

1 ______ (Man schnallt sich an.)

2 ______ (Der Fahrer trinkt keinen Alkohol.)

3 ______ (Das Auto ist TÜV-geprüft.)

4 ______ (Man fährt nicht zu schnell.)

5 ______ (Radfahrer tragen einen Helm.)

6 ______ (Man achtet auf Fußgänger.)

7 ______ (Man plant Staus ein.)

8 ______ (Autofahrer achten auf schwächere Verkehrsteilnehmer.)

9 ______ (Man lässt manchmal das Auto stehen.)

10 ______ (LKW-Fahrer legen regelmäßig Pausen ein.)

11 ______ (Man fährt nicht müde Auto.)

3 INDIREKTE FRAGEN – VOR DERYAS ABFLUG

a) Derya ist Türkin. Vor ihrem Abflug nach Deutschland wollte sie viel über Deutschland erfahren. Ergänzen Sie die Sätze. Manchmal gibt es mehrere Lösungen.

Sie hat gefragt, ...

1 was die Deutschen über die Türken denken.*

2 ______ es in Deutschland wirklich immer regnet.

3 ______ Feiertage es in Deutschland gibt.

4 ______ man dort günstig Kleider kaufen kann.

5 ______ viele Menschen in Deutschland leben.

6 ______ die Deutschen ihre Freizeit verbringen.

7 ______ man tanzen gehen kann.

8 ______ die Geschäfte geöffnet sind.

9 ______ es viele Türken in Deutschland gibt.

10 ______ die anderen Studenten so sind.

11 ______ das Wort *Grüezi*! bedeutet.

*Wenn der Hauptsatz ein **Aussagesatz** ist, steht hinter der indirekten Frage ein **Punkt**. Wenn der Hauptsatz eine **Frage** ist, steht hinten ein **Fragezeichen**.

b) Arbeiten Sie zu zweit. Stellen Sie sich vor, Sie studieren ein Semester im Heimatland Ihres Partners / Ihrer Partnerin. Was wollen Sie vor Ihrem Abflug schon über das Land wissen? Stellen Sie indirekte Fragen, Ihr Partner / Ihre Partnerin antwortet.

Ich möchte gern wissen, ...

Kannst du mir sagen, ...?

4 TYPISCH DEUTSCH

a) Lesen Sie die Zitate. Kennen Sie ähnliche „typisch deutsche" Situationen oder Dinge? Sprechen Sie im Kurs.

Im Supermarkt muss man für Plastiktüten bezahlen. Die Deutschen lieben die Umwelt, aber das ist für mich sehr unpraktisch.

Abdul, Libanon

Vielleicht ist das ja nur wegen der Technik. Aber trotzdem: Weshalb zeigen so viele Fußgängerampeln zwei rote Männchen? Ich glaube, die Deutschen lieben Verbote.

Carmen, Spanien

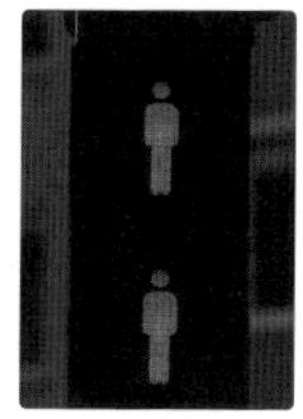

b) Lesen Sie den Text und ordnen Sie den Abschnitten (1-6) je eine Überschrift (A-L) zu. Nicht alle Überschriften passen.

A Deutsche ärmer als Franzosen
B Geizig beim Essen
C Die Autobahn – eine deutsche Erfindung
D Beziehungen entstehen im Restaurant
E Nachts sind alle Ampeln rot
F Viel Zeit für den Restmüll
G Sinnvoll? – Sortieren, dann verbrennen
H Immer auf die Ampel achten!
I Weltmeister in Gesetzestexten
J Duschen nur sonntags!
K Freiheit auf der Autobahn
L Jeder zahlt für sich

1	2	3	4	5	6

GETRENNT ZAHLEN, BITTE! WAS IST TYPISCH DEUTSCH?

Einige (nicht ganz) ernst gemeinte Anmerkungen mit der Bitte um Widerspruch

1 Denken Sie bei Deutschland zuerst an Bier, Bratwurst und Sauerkraut? Und natürlich an Kartoffeln ...? Vielleicht gehören auch frisch gebackene Brötchen oder Müsli mit Milch dazu? Oder der berühmte Sonntagsbraten mit Soße? Vielleicht ist typisch deutsch eher dies: Nur 8 Prozent des Haushaltsgeldes geben die Deutschen für Lebensmittel aus. Bei den Franzosen sind das 35 Prozent. Beim Essen zeigt sich der wahre Nationalcharakter. Und der folgt einem Prinzip: Geiz ist angesagt!

2 Denkt man an Deutschland, denkt man vielleicht auch an Autos. Volkswagen, BMW oder Mercedes sind in aller Welt bekannte Marken. Und das aus dem Deutschen stammende Wort *Autobahn* ist in manche andere Sprache eingegangen. Die Deutschen gelten nicht gerade als eine Nation, die die Freiheit liebt, aber auf der Autobahn dürfen sich die Deutschen noch richtig frei fühlen: Fahren so schnell man will! Kein Tempolimit weit und breit. „Ich will Spaß, ich geb' Gas!" lautete ein Liedtitel in den achtziger Jahren des vergangenen Jahrhunderts.

3 Außerhalb des Automobils ist es mit der Freiheit aber ganz schnell vorbei. Beispiel: die rote Ampel. Sogar nachts um drei, auch wenn nirgendwo ein Auto zu sehen ist, bleiben die Deutschen an der roten Fußgängerampel stehen und warten auf Grün. Und ist Ihnen schon einmal aufgefallen, dass viele Fußgängerampeln zwei rote, aber nur ein grünes Männchen zeigen?

4 Und dann sind da noch all die Hausordnungen (Haustiere verboten! Besuch nach 22:00 Uhr verboten! Treppe immer feucht wischen!), die Gartennutzungsordnungen (Rasen betreten verboten! Gartenzwerge nur nach Absprache mit dem Eigentümer!), die Mittagsruhe von eins bis drei, die Nachtruhe von zehn bis sechs (Auf keinen Fall um fünf Uhr morgens duschen!), die Sonntagsruhe, die Feiertagsruhe ... Die meisten Gesetzestexte weltweit sind auf Deutsch verfasst. Wussten Sie das?

5 Auch bei falsch sortiertem Müll hört bei vielen Deutschen der Spaß auf. Nur gespülte Joghurtbecher gehören in die gelbe Tonne – und nicht in den Restmüll! So viel Zeit muss sein! Der Deutsche gibt zwar Gas und bläst Millionen Tonnen CO_2 in die Luft, aber Müll sortiert er wie kein anderer. Und verbrennt ihn dann in der Müllverbrennungsanlage. Warum sortiert man ihn dann? Darum! Ordnung muss eben sein! Besonders, wenn es um die Umwelt geht.

6 Ordnung bestimmt auch die Beziehung zwischen Mann und Frau, etwa im Restaurant. Auch ein verheiratetes Paar zahlt oft getrennt. Getrennte Rechnungen sorgen für Überblick: Wer trägt wie viel zu einem gelungenen Abend bei? Das muss man doch wissen! Und immer exakt 10 Prozent Trinkgeld geben! Das sind bei 22,50 Euro zum Beispiel exakt 2,25 Euro. Neulich musste ein Herr 18,30 Euro in einer Gaststätte zahlen (die Gattin zahlte natürlich getrennt). Raten Sie mal, wie hoch das Trinkgeld ausfiel ...

c) Bearbeiten Sie die Aufgaben zum Text.

1 Wie viel gibt man wo fürs Essen aus? Ergänzen Sie die Tabelle.

wo?	wie viel?

2 Wo gibt es für die Deutschen noch echte Freiheit? Warum? Ergänzen Sie den Satz.

Auf ______ fühlen sich die Deutschen frei, denn ______

3 Wie verhalten sich die Deutschen an roten Ampeln? Antworten Sie im Satz.

4 Wie regeln die Deutschen den Alltag? Nennen Sie vier Beispiele.

-
-
-
-

5 Den Müll zu sortieren, ist eventuell vollkommen sinnlos. Warum? Antworten Sie im Satz.

6 Wie hoch ist das Trinkgeld in Restaurants laut Text?

5 *MÜSSEN* UND *BRAUCHEN* + *NICHT* / *KEIN-* / *NUR* + *ZU*-INFINITIV

Für *müssen* + *nicht* / *kein* / *nur* benutzt man auch *brauchen* + *nicht* / *kein* / *nur* + *zu*-Infinitiv!
Ich muss heute nicht lernen.
Ich brauche heute nicht zu lernen.

Ergänzen Sie die Sätze mit *brauchen* + *nicht* / *kein-* / *nur* + *zu*-Infinitiv. Schreiben Sie auch zwei eigene Sätze.

1 Am Montag muss ich früh aufstehen.

Am Samstag ______ ich ______ früh ______

2 Am Dienstag müssen wir die Hausaufgaben machen.

In den Ferien ______ keine Hausaufgaben ______

3 Am Mittwoch muss sie einkaufen gehen.

Am Donnerstag ______ nur das ______, was sie am Mittwoch vergessen hat.

4 Am Donnerstag muss sie Vokabeln lernen.

Am Sonntag ______

5 Am Freitag muss ich zum Zahnarzt gehen.

Danach ______ ein halbes Jahr nicht mehr zum Zahnarzt ______

6 Am Samstag müssen wir die DSH-Prüfung schreiben.

Wenn wir die Prüfung bestehen, ______ sie nicht noch einmal ______

7 Wenn Sonntag ist, muss man gar nichts machen.

Und auch wenn Feiertag ist, ______

8 ______

9 ______

6 MODALVERBEN IM PERFEKT – ANDERE ZEITEN, ANDERE SITTEN

Früher war vieles anders. Bilden Sie logische Sätze mit Modalverben im Perfekt. Dafür müssen Sie einige Wörter umformen oder weglassen.

1 Heute dürfen Frauen studieren.

Früher haben sie nicht studieren dürfen.

2 Heute müssen Frauen nicht wegen der Kinder zu Hause bleiben.

Früher ______

______

3 Heute kann der Mann nicht mehr über das Geld der Ehefrau entscheiden.

Früher ______

______

4 Heute wollen auch Männer auf die Kinder aufpassen.

Früher ______

______

5 Heute darf jede Frau ohne die Zustimmung ihres Mannes den Führerschein machen.

Früher

6 Heute sollen auch die Männer zur Erziehung der Kinder zu Hause bleiben.

Früher

7 Heute muss der Mann nicht mehr alleine die Familie ernähren.

Die Großmutter erzählt, dass früher

8 Heute dürfen Frauen auch Soldatin oder Polizistin werden.

Die Großmutter erzählt, dass früher

9 Heute kann eine Frau auch Bundeskanzlerin werden.

Die Großmutter erzählt, dass früher

10 Heute können sich Frauen und Männer die Arbeit teilen.

Die Großmutter erzählt, dass

11 Heute brauchen Männer und Frauen nicht mehr zu heiraten, wenn sie Kinder haben.

Die Großmutter erzählt, dass

7 *ZU, UM … ZU, OHNE … ZU* ODER INFINITIV OHNE *ZU* – LERNTIPPS

a) *zu, um … zu, ohne … zu* oder Infinitiv ohne zu? Ergänzen Sie den Text. Sätze mit Modalverben oder modalverbähnlichen Verben* (*lassen, bleiben, gehen, sehen, …*) haben kein *zu*. Diese Lücken bleiben leer (/).

(1) Ist es möglich, ______ Deutsch ______ lernen, ______ einen Deutschkurs ______ besuchen? (2) Es kann sicherlich ______ sein, dass es solche Menschen gibt. (3) Man muss diese Menschen als Sprachgenies ______ bezeichnen. (4) Sie nutzen viele Quellen, ______ eine Fremdsprache ______ erlernen. (5) Menschen wie du und ich sollten jedoch besser einen guten Unterricht ______ besuchen. (6) Es ist aber empfehlenswert, ______ auch neben dem Unterricht etwas ______ tun. (7) Wenn man einen hohen Sprachstand ______ erreichen will, darf man in seiner Freizeit nicht allein in seinem Zimmer ______ sitzen ______ bleiben! (8) Es ist immer gut, ______ unter die Leute ______ gehen. (9) Hören Sie die Deutschen ______ sprechen! (10) Bitten Sie sie darum, ______ Sie ______ korrigieren!

***modalverbähnliche Verben**: Manche Verben kann man mit einem zweiten Verb kombinieren. Das zweite Verb steht im Infinitiv – genau wie bei den Modalverben.
*Er **bleibt** heute **liegen**.*

(11) Lassen Sie sich bei schwierigen Texten, zum Beispiel bei einem Schreiben von der Bank oder einer Behörde, ______ helfen! (12) Denn man kann nicht angemessen ______ reagieren, ______ solche Briefe richtig verstanden ______ haben. (13) Man kann auch das Internet ______ nutzen. (14) Dabei braucht man nicht unbedingt Aufgaben ______ lösen. (15) Man kann auch Filme auf Deutsch ______ sehen. (16) So etwas ist sehr nützlich, ______ das Hörverstehen ______ verbessern. (17) Das müssen keine deutschen Filme ______ sein. (18) In Deutschland wollen die meisten Menschen internationale Filme auf Deutsch ______ sehen. (19) Deshalb lassen Filmstudios und Sender ihre Produktionen ______ synchronisieren. (20) Hilfreich ist es, ______ bei Streamingdiensten oder auf DVDs deutsche Untertitel ______ aktivieren. (21) Vorsichtig muss man aber bei sozialen Netzwerken ______ sein, wenn man dort Deutsch ______ lernen will. (22) Viele Deutsche schreiben dort Kommentare, ______ auf Fehler ______ achten. (23) Und dann posten sie ihre Kommentare, ______ die Fehler korrigiert ______ haben. (24) Kurz und gut: Man braucht beim Deutschlernen nicht auf Spaß ______ verzichten. (25) Versuchen Sie, ______ verschiedene Möglichkeiten ______ nutzen!

b) Kombinieren Sie jeweils zwei Sätze mit *zu*, *um ... zu*, *ohne ... zu* oder Modalverb / modalverbähnlichem Verb plus Infinitiv (diese Sätze haben kein *zu*). Dafür müssen Sie einige Wörter umformen oder weglassen.

1 Sehen Sie sich Serien auf Deutsch an! Sie sollen Ihr Hörverstehen verbessern.

Sehen Sie sich Serien auf Deutsch an, um Ihr Hörverstehen zu verbessern!

2 Liegen Sie 20 Minuten vor Kursbeginn noch im Bett? Bleiben Sie nicht im Bett!

Bleiben Sie 20 Minuten vor Kursbeginn nicht im Bett liegen!

3 Sprechen Sie mit den Menschen! Sie sollen Ihr mündliches Deutsch verbessern.

Sprechen Sie mit den Menschen, ______ Ihr mündliches Deutsch ______

4 Sprechen Sie mit den Menschen! Haben Sie keine Angst vor Fehlern!

Sprechen Sie mit den Menschen, ohne ______

5 Knüpfen Sie Kontakte zu Deutschen in Ihrem Alter! Versuchen Sie es!

Versuchen Sie, ______

6 Sitzen Sie abends allein im Zimmer? Bleiben Sie da nicht!

Bleiben Sie abends nicht ______

7 Verstehen Sie nicht jedes Wort? Das brauchen Sie nicht.

Sie brauchen nicht ______

8 Wiederholen Sie regelmäßig die Grundlagen auf A1-Niveau! Das müssen Sie.

Sie müssen ______

9 Haben Sie keine Hausaufgaben gemacht? Gehen Sie so nicht zum Unterricht!

Gehen Sie nicht zum Unterricht, ______ die Hausaufgaben ______

10 Benutzen Sie ein einsprachiges Wörterbuch! Probieren Sie es!

Probieren Sie, ______

11 Besorgen Sie sich einen Bibliotheksausweis! Sie können sich deutsche Bücher ausleihen.

Besorgen Sie sich einen Bibliotheksausweis, ______

______

8 DIE AUSWANDERIN

a) Vor dem Hören: Sehen Sie sich die Internetseite an. Worum geht es im Podcast? Welche Personen sprechen?

Thema: ______

Personen: ______

http:// www.ichwandereaus.fm

Beiträge Über mich Kontakt

Der Podcast rund ums Auswandern

Jede Woche sprechen wir hier mit einem anderen Auswanderer aus aller Welt. Lasst euch überraschen!

Helena in Kopenhagen

Im Gespräch mit Antje heute: Die 28-jährige Helena aus dem Schwarzwald, die Kopenhagen vor nun mehr als 4 Jahren zu ihrer Wahlheimat gemacht hat.

▶ Hier geht's zum Podcast

b) Hören Sie das Gespräch: Über welche Themen sprechen die beiden nicht? Kreuzen Sie an.

A	Sport	D	Leben in Süddeutschland	G	Studium
B	Essen	E	Kulturschock	H	Finanzen
C	Lebenshaltungskosten	F	Sprache	I	binationale Partnerschaften

c) Hören Sie das Gespräch noch einmal und bearbeiten Sie die Aufgaben.

1 Wo hat die Auswanderin einen Kulturschock erlebt? Welche drei Erklärungen hat sie für diesen Schock?

wo: ______

Erklärungen:
- ______
- ______
- ______

2 Nennen Sie drei Gemeinsamkeiten zwischen Hamburg und Kopenhagen.

- ______
- ______
- ______

3 Welche drei Beispiele nennt Helena für hohe Preise in Kopenhagen?

-
-
-

4 Was bedeutet der Satz: „Hier tut sich was!“ Erklären Sie ihn mit eigenen Worten.

5 Richtig oder falsch? Kreuzen Sie an und korrigieren Sie die falschen Sätze.

R	F	1	Die hohen Lebenshaltungskosten waren eine Überraschung für Helena. Korrektur:
R	F	2	Die hohen Preise hängen mit den hohen Steuern in Dänemark zusammen. Korrektur:
R	F	3	In Kopenhagen gibt es hohe Lebenshaltungskosten und niedrige Löhne. Korrektur:
R	F	4	Helenas Eltern haben ihr eine Wohnung in Kopenhagen gekauft. Korrektur:
R	F	5	In Kopenhagen ist es nicht unüblich, Wohnungen zu kaufen. Korrektur:
R	F	6	Helena weiß, warum man in Dänemark eher kauft als mietet. Korrektur:
R	F	7	Viele erkennen an ihrer Aussprache, dass sie Deutsche ist. Korrektur:
R	F	8	Die Aussprache im Dänischen ist der Aussprache im Deutschen ähnlich. Korrektur:
R	F	9	Helena ist eineinhalb Jahre zum Sprachkurs gegangen. Korrektur:
R	F	10	Anders als in Deutschland sprechen in Dänemark auch Senioren Englisch. Korrektur:

d) Helena erlebte bei ihrem Umzug von Süd- nach Norddeutschland einen Kulturschock. Gibt es dieses Phänomen auch in Ihrem Land? An welchem Ort in Ihrem Land bekämen Sie einen Kulturschock?

e) Was ist denn hier passiert? Stellen Sie die durchgestrichenen Wörter wieder in den richtigen Satz, sodass die Sätze Sinn ergeben.

1 Durch die guten Gehälter werden die hohen Preise für Lebensmittel und Co. wieder ~~entlarvt~~.

2 Ganz ~~ursprünglich~~ hat die Auswanderin Dänisch gelernt.

3 Nord- und Süddeutschland erscheinen der Auswanderin ~~verhältnismäßig~~.

4 Die Auswanderin kommt ~~grundverschieden~~ aus dem Schwarzwald.

____

5 Hamburg ist für die meisten Deutschen eine teure Stadt, aber für Dänen ist sie ~~nebenbei~~ günstig.

____

6 In Cafés gibt sie eine ~~Wahnsinnsumstellung~~* für Kaffee aus.

____

7 Die Auswanderin wird trotz ihrer Aussprache nie als Deutsche ~~ausgeglichen~~.

____

8 Eine ~~Unmenge~~ stellte der Umzug nach Hamburg für sie dar.

____

*Das umgangssprachliche Präfix *Wahnsinns-* bedeutet, dass etwas besonders intensiv ist.

9 REDEPARTIKELN – SATZ MIT X: DAS WAR WOHL NIX!

a) Setzen Sie die passenden Partikeln ein. Häufig gibt es mehrere Lösungen.

aber | bloß | denn | doch | eigentlich | ja | mal | ruhig | schon | vielleicht | wohl

Er: Hi, wie geht's ______ (1) so? Kennen wir uns ______ (2) schon?

Sie: Na! Das ist ______ (3) mal eine originelle Anmache!

Er: Wieso? Was habe ich jetzt ______ (4) falsch gemacht?

Sie: Sie sprechen ______ (5) den ganzen Abend schon Frauen an!

Er: Sie haben mich ______ (6) beobachtet?

Sie: Wie bitte? Denken Sie ______ (7) nach, bevor Sie reden?

Er: Ich wollte ______ (8) freundlich sein ...

Sie: Ach? Freundlich wollen Sie sein? Das meinen Sie ______ (9) ______ (10) nicht ernst!?

Er: Man weiß heutzutage ______ (11) gar nicht mehr, wie man Frauen ansprechen soll.

Sie: Ooooh, Sie sind ______ (12) ein ganz armer, armer Mann. Ist Ihnen nicht klar, dass eine Frau auch ______ (13) ganz alleine sein möchte?

Er: Wieso möchten Sie ______ (14) alleine sein?

Sie: Weil mir Sätze wie „Kennen wir uns ______ (15) schon?" ______ (16) sehr auf die Nerven gehen! Das ist ______ (17) ein ganz alter Spruch! Warum sind Männer ______ (18) so wenig originell?

Er: Ich denke, dass ich ______ (19) originell bin!

Sie: Dann zeigen Sie's ______ (20)! Sie können ______ (21) versuchen, mich vom Gegenteil zu überzeugen!

Er: ...

b) Wie kann er die Situation retten? Schreiben Sie den Dialog zu Ende.

10 ONLINE-DATING

a) Ergänzen Sie die Endungen. Manche Lücken bleiben leer (/).

Liebe auf den erst___ (1) Klick: Vorbei sind die gut___ (2) alt___ (3) Zeiten, in denen man den Traumpartner über entfernt___ (4) Bekannte, auf einer unvergesslich___ (5) Party oder in der endlos___ (6) lange___ (7) Warteschlange im Supermarkt kennenlernt. Die romantisch___ (8) Anfänge früher___ (9) Beziehungen werden zunehmend___ (10) durch virtuell___ (11) Flirtgespräche abgelöst. Online-Dating ist nach viel___ (12) Jahren gesellschaftlich___ (13) Ablehnung heute ein akzeptiert___ (14) Mittel der Partnersuche. Mehr als 2000 vielversprechend___ (15) Dating-Portale gibt es. Und jed___ (16) Tag werden es mehr. Da scheint die oftmals___ (17) verzweifelt___ (18) Partnersuche gar nicht mehr so aussichtslos___ (19). 25 % der alleinstehend___ (20) Männer und Frauen glauben, online den passend___ (21) Partner für ein gemeinsam___ (22) Leben finden zu können. Offensiv___ (23) Flirten im Internet ist kein Tabu mehr, sondern zum weit___ (24) verbreitet___ (25) Freizeitspaß geworden, über den man offen___ (26) mit eng___ (27) Freunden spricht. Für viele ist es ganz normal, über digital___ (28) Medien zu kommunizieren. Das gilt nicht nur für die jünger___ (29) Generation, sondern auch für älter___ (30) Menschen. Psychologen vermuten zudem, dass berufstätig___ (31) Singles beruflich so eingenommen sind, dass sie nach einem anstrengend___ (32) Arbeitstag zu müde sind, in Bars und Clubs nach der wahr___ (33) Liebe zu suchen. Dating-Portale erscheinen da als einfach___ (34) und wenig___ (35) zeitintensiv___ (36) Lösung, eine dauerhaft___ (37) und glücklich___ (38) Beziehung zu finden. Allerdings sind Dating-Portale mit halbjährlich___ (39) Mitgliedsbeiträgen von bis zu 179 Euro ein recht___ (40) teur___ (41) Spaß.

b) Ist das Internet der geeignete Ort, einen Partner / eine Partnerin zu finden? Sammeln Sie Argumente für und gegen das OnlineDating und schreiben Sie einen argumentativen Text.

1 *WERDEN*

Analysieren Sie die folgenden Sätze. Kreuzen Sie an,

- ob *werden* Hilfsverb (HV) oder Vollverb (VV) ist,
- ob der Satz im Aktiv (A) oder im Passiv (P) steht und
- ob der Satz im Indikativ (I) oder im Konjunktiv (K) steht.

HV	VV	A	P	I	K	1	Würden Sie mir bitte den Kaffee reichen?
HV	VV	A	P	I	K	2	Wenn sie groß ist, wird sie Bundeskanzlerin.
HV	VV	A	P	I	K	3	Das Kind wurde über mehrere Stunden operiert.
HV	VV	A	P	I	K	4	Die Kleinen werden immer größer.
HV	VV	A	P	I	K	5	Laut Wetterbericht wird das Wetter morgen auch nicht besser.
HV	VV	A	P	I	K	6	Der Regen wurde allmählich zu Hagel.
HV	VV	A	P	I	K	7	Wir würden gern in Deutschland studieren.
HV	VV	A	P	I	K	8	Die Strände werden von freiwilligen Helfern gereinigt.

2 TEMPORALANGABEN

a) Ordnen Sie die Temporalangaben nach Vergangenheit, Gegenwart und Zukunft. Ergänzen Sie dann weitere Temporalangaben. Manchmal sind mehrere Lösungen möglich.

bald | damals | demnächst | früher | gerade | gestern | jetzt | letzte Woche | momentan | morgen | nächsten Monat | übermorgen | vor zwei Jahren | vorgestern | zurzeit

Vergangenheit	Gegenwart	Zukunft

b) Arbeiten Sie zu zweit. Stellen Sie Fragen mit den Temporalangaben aus a) und geben Sie Antworten.

c) Ergänzen Sie die Präposition, teilweise mit Artikel. Manche Lücken bleiben leer (/).

1 Wann beginnen die Ferien? – ________ einer Woche.
2 ________ Sonntag spielt er Computer.
3 Fußball spielt er ________ freitags.
4 Die Miete bezahle ich ________ Anfang des Monats.
5 ________ Frühstück schien noch die Sonne.
6 ________ Juni sind sie immer in Spanien.
7 ________ Ostern suchen wir Ostereier.
8 Ich glaube, Goethe ist ________ 1832 gestorben.
9 Ich bin schon ________ einer Woche krank.
10 ________ Verlassen des Klassenzimmers bitte alle Fenster schließen!
11 ________ zwei Tagen war ich in Oberhausen.

1 WORTFELD ZUKUNFT

a) Finden Sie, auch mithilfe Ihres Wörterbuchs, Erklärungen zu den folgenden Wörtern.

1 zukunftssicher: ______

2 Zukunftspläne: ______

3 Zukunftsaussichten: ______

4 Zukunftsmusik: ______

5 zukunftsweisend: ______

6 Zukunftsangst: ______

7 Zukunftsperspektive: ______

b) Ergänzen Sie die Sätze mit passenden Wörtern aus a). Nicht jedes Wort muss verwendet werden.

1 Auf der Elektronikmesse zeigten die großen Autobauer schon Modelle selbstfahrender Wagen. Experten sind aber skeptisch und betrachten autonomes Fahren noch als ______.

2 Willkommen bei Günters Wind GmbH – wir beschäftigen uns seit über 30 Jahren mit ______ Technologien und können Ihnen dank modernster Technik und unserem Know-how helfen, die Kraft des Windes nun endlich für Ihre hauseigene Energieversorgung zu nutzen. Lassen Sie sich von uns beraten, wir arbeiten gerne mit Ihnen an Ihren ______.

3 Unser Tipp: Bauen Sie durch Praktika und Nebenjobs bereits im Studium erste Kontakte auf, um eine gute berufliche ______ zu haben.

4 Einer neuen Studie zufolge haben weder hippe Metropolen wie Berlin noch reiche Industriestädte wie Wolfsburg die besten ______. Der überraschende Sieger Darmstadt punktet mit ganz anderen Stärken.

5 Machen Sie sich viele Sorgen darum, wie es in Ihrem privaten und beruflichen Leben weitergehen wird? Leiden Sie unter ______? Machen Sie jetzt den Test und lernen Sie, damit umzugehen.

2 PRÄSENS UND PERFEKT FÜR ZUKÜNFTIGES

a) Kreuzen Sie an, ob die Sätze Handlungen in der Vergangenheit (V), in der Gegenwart (G) oder in der Zukunft (Z) ausdrücken.

V	G	Z	1	Das Kind hat den verlorenen Teddy morgen früh sicher schon wieder vergessen.
V	G	Z	2	Morgen hat sie ein Vorstellungsgespräch.
V	G	Z	3	Am Morgen bin ich trotz der Kälte eine Stunde gejoggt.
V	G	Z	4	Nächsten Mittwoch um diese Zeit habt ihr die Prüfung schon geschafft.
V	G	Z	5	Ich beginne die neue Stelle, wenn ich aus dem Urlaub wiedergekommen bin.
V	G	Z	6	Hast du Lust, mit mir spazieren zu gehen?
V	G	Z	7	Kinder, bis zum Abendessen habt ihr euer Zimmer aufgeräumt!

V	G	Z	8	Zurzeit arbeite ich von morgens bis abends ohne Pause.
V	G	Z	9	Ich habe ihn schon bald nach unserem Treffen wiedergesehen.
V	G	Z	10	Deine Freundin hat dir deinen Fehler schon bald verziehen.
V	G	Z	11	Die Familie fliegt in Kürze nach Brasilien in den Urlaub.

b) Welche Zeitformen werden in a) benutzt, um eine Handlung in der Zukunft auszudrücken? Kreuzen Sie an und notieren Sie die Nummern der jeweils passenden Sätze.

A Präsens ( ) **B** Perfekt ( ) **C** Präteritum ( )

c) Bilden Sie Sätze mit Präsens oder Perfekt für Zukünftiges.

1 nächstes Wochenende / besuchen / meine kranke Oma / ich / im Krankenhaus / .

2 in 10 Jahren / fertig bauen / bestimmt schon / euer eigenes Haus / ihr / .

3 er / möchte- / sein / bekommen / erstes Kind / , / nachdem / Berufserfahrung / sammeln / er / .

4 nach der Arbeit / du / kommen / zu / mir / ?

5 Emil / , / in 10 Minuten / anziehen / deine Jacke und Schuhe / !

d) Spielen Sie ein Kettenspiel: Person 1 fragt Person 2, was sie morgen / in zwei Wochen / in fünf Jahren / ... macht. Person 2 antwortet im Präsens. Person 3 (links von Person 2) „verdoppelt" die Temporalangabe und beschreibt, was Person 2 übermorgen / in vier Wochen / in zehn Jahren / ... schon gemacht hat. Sie formuliert den Satz im Perfekt und stellt eine weitere Frage.

Person 1:	*Myriam, was machst du morgen?*
Person 2 (= Myriam):	*Morgen putze ich meine Küche.*
Person 3 (sitzt links von Myriam):	*Übermorgen hat Myriam ihre Küche geputzt. – Connor, was machst du in drei Monaten?*
Person 4 (= Connor):	*In drei Monaten ...*
Person 5 (sitzt links von Connor):	*In sechs Monaten hat / ist ...*

3 ENDUNGEN UND PRÄPOSITIONEN – ERFAHRUNGSBERICHTE

a) Sebastian Gutmann, 19 Jahre, erzählt von seiner Ausbildung, seiner jetzigen Arbeit und seinen Wünschen für die Zukunft. Ergänzen Sie die Adjektivendungen.

Ich habe den qualifiziert___ (1) Realschulabschluss gemacht. Ich hatte also die Wahl zwischen der gymnasial___ (2) Oberstufe, einer ander___ (3) schulisch___ (4) Ausbildung oder einer normal___ (5) Lehre. Ich habe mich für die höher___ (6) Handelsschule entschieden, denn ich wollte einen kaufmännisch___ (7)

Beruf erlernen. Auf der Handelsschule habe ich viele wirtschaftlich ___ (8) Fächer belegt und alle theoretisch ___ (9) Grundlagen bekommen. Ich habe mich dann für eine kaufmännisch ___ (10) Ausbildung in der Industrie entschieden. Heute bin ich im zweit ___ (11) Lehrjahr in einem international ___ (12) Unternehmen und später habe ich eine gut ___ (13) Chance, auch mal im europäisch ___ (14) Ausland zu arbeiten. Denn das ist eigentlich mein größt ___ (15) Traum für die Zukunft.

b) Auch Ines Burg, 19 Jahre, erzählt von ihren Erfahrungen. Ergänzen Sie die Präpositionen und Artikel, wenn nötig. In einer Lücke können mehrere Wörter stehen.

(1) Ich hatte ___ 10. Klasse keine Lust mehr ___ Lernstress. (2) Ich war ___ Gymnasium, bin aber ___ 10. Klasse abgegangen und habe eine Ausbildung ___ Arzthelferin gemacht. (3) Früher träumte ich ___ Karriere als Ärztin, aber da ___ sind ja ___ Abitur und ___ Studium Voraussetzung. Nein danke. Ich wollte lieber schnell Geld verdienen. (4) Also habe ich mich ___ verschiedenen Praxen beworben und ___ Kinderarzt hat es schließlich geklappt. (5) Zweimal ___ Woche gehe ich vormittags ___ Berufsschule, ___ anderen Zeit arbeite ich ___ Anmeldung oder helfe dem Doktor ___ Sprechzimmer. (6) Ich interessiere mich ___ Medizin und mag Kinder. (7) Auch ___ Abitur und ___ Studium bin ich glücklich. (8) Ich habe viel Zeit ___ m ___ Freunde und m ___ Hobby Ballett. Was soll ich mir noch ___ Zukunft wünschen?

4 FUTUR – FAMILIENFEIER

Ergänzen Sie die passenden Verben im Futur (ein Wort pro Lücke).

ankommen | anschauen | ausflippen | behaupten | durcheinanderreden | geben | kritisieren | lachen | nerven | passieren | schmecken | sein (3x) | setzen | trinken | umziehen | verstehen

- ■ Lena, am Wochenende habe ich sturmfrei und veranstalte eine Riesenparty. Kommst du auch?
- ♦ Am kommenden Wochenende? Nein, da kann ich leider nicht kommen. Es steht mal wieder eine unserer berühmt berüchtigten Familienfeiern an … Es ist jedes Mal das Gleiche, schrecklich! (1) Ich kann dir ganz genau sagen, was ___ ___. (2) Schon am Tag vorher ___ meine Mutter total gestresst ___. (3) Sie ___ mir eine Aufgabe nach der anderen ___, und wenn ich sie nicht perfekt erledige, ___ sie total ___.(4) Kurz vor der Abfahrt ___ sich meine Mutter noch ein paar Mal ___, weil ihr nie gefällt, wie sie aussieht. (5) Und natürlich ___ wir deshalb wieder zu spät ___. (6) Meine Oma ___ das Aussehen meiner Mutter wie jedes Mal ___, meine Mutter ___ beleidigt ___, und mein Papa ___ sich daraufhin an die Bar ___ und mit meinen Onkeln Bier ___. (7) Meine kleinen Cousins und Cousinen ___ mich sofort damit

___, dass sie mit mir spielen wollen. (8) Beim Essen ___ meiner Oma nichts ___, die Suppe ___ ihr zu kalt ___ und der Nachtisch zu süß. (9) Alle ___ wie immer laut ___, sodass keiner ___ ___, was der andere sagt. (10) Danach ___ wir uns wieder die gleichen alten Fotos ___ wie immer, mit der Folge, dass meine Oma wieder ___ ___, dass früher sowie so alles besser war. Aber wenigstens kommt auch meine Cousine Maja. (11) Gemeinsam ___ wir über den Rest unserer verrückten Familie ___.

5 DEN STERNEN GANZ NAH

a) Sehen Sie sich das Bild an und lesen Sie die Fragen von b). Worum geht es wohl im folgenden Hörtext? Welche Antworten vermuten Sie für die Fragen 2, 3 und 4?

b) Hören Sie den Text und bearbeiten Sie die Aufgaben.

1 Richtig oder falsch? Kreuzen Sie an.

R	F	1	Marina Höfer ist Leiterin der Raketenairline Mars.
R	F	2	Die Reise zum Mars dauert wenige Jahre.
R	F	3	Die Testflüge der Airline haben alle sehr gut funktioniert.
R	F	4	Es gibt Hotels auf dem Mars.

2 Erklären Sie in eigenen Worten, was ein Raketen-Flugbegleiter ist.

___

___

3 Was müssen Raketen-Flugbegleiter nicht machen? Kreuzen Sie an.

A	auf eine Notlandung vorbereiten	E	Passagiere auf den Aufenthalt vorbereiten
B	Essen servieren	F	Flug zum Mars bezahlen
C	Rakete reparieren	G	Raketenfenster putzen
D	Passagiere unterhalten	H	nach Barcelona, San Francisco oder Brisbane fliegen

4 Welche Eigenschaften müssen Raketen-Flugbegleiter haben? Nennen Sie vier Eigenschaften.

- ___
- ___
- ___
- ___

5 Was sagt Herr Dr. Zukunft? Ergänzen Sie die Lücken.

Wer als Raketen-Flugbegleiter ausgewählt wird, bekommt die einmalige ___ (1), Teil unseres ___ (2) zu werden und natürlich zum ___ (3) zu fliegen. Wir zahlen ein hohes ___ (4) und planen, in den kommenden Jahren auch zum ___ (5) und zum ___ (6) zu fliegen. Der Beruf ist ___ (7), denn es ___ (8) ihn die nächsten Jahrtausende ___ (9).

6 Was bedeutet die Redewendung *nach den Sternen greifen*? Recherchieren Sie im Internet.

- **A** die Sterne anfassen
- **B** mit einer Rakete in das Weltall fliegen
- **C** etwas Unerreichbares haben wollen

c) Würden Sie gerne als Raketen-Flugbegleiter/-Flugbegleiterin arbeiten? Was spricht dafür, was dagegen? Sammeln Sie Vor- und Nachteile des Berufs. Schreiben Sie anschließend eine Stellungnahme.

6 SCHLAFMANGEL

a) Lesen Sie den Text und kreuzen Sie die richtigen Antworten an.

VON EULEN UND LERCHEN

Ob Schüler, Studierender oder Berufstätiger – alle sind anscheinend im Dauerstress und haben immer viel zu wenig Zeit. Doch das könnte eigentlich anders sein. Wenn wir individuell unserer inneren Uhr folgen würden, hätten wir auch mehr Zeit. So die Theorie von Neurobiologen.

Wie soll das gehen, auf die innere Uhr zu hören? In Deutschland beginnen ab acht Uhr die Schule oder die Arbeit und wer erst später ausgeschlafen ist, gilt als Schlafmütze. Doch so einfach ist das nicht, denn jeder Mensch hat seine individuelle innere biologische Uhr, die bestimmt, zu welcher Zeit man fit und zu welcher Zeit man müde ist. In der Biologie werden die Menschen in Lerchen und Nachteulen eingeteilt. Die Lerchen sind Frühaufsteher, die zwischen sechs Uhr morgens und zehn Uhr abends wach sind. Besonders fit sind sie in der Zeit vom Aufstehen morgens bis zum Mittag. Bei der Gruppe der Nachteulen verschiebt sich das Zeitfenster hingegen um drei Stunden: Zwischen neun Uhr morgens und ein Uhr nachts ist die Nachteule natürlicherweise wach. Ihre besten Leistungen bringt sie nachmittags und abends. Das Zeitfenster der besten Leistungen ändert sich auch dann nicht, wenn Lerchen und Nachteulen gleichzeitig aufstehen und schlafen gehen. Wenn die Nachteule beispielsweise bereits um sechs Uhr aufstehen muss, dann wird sie noch drei Stunden lang hundemüde sein. Genauso, als müsste der Frühaufsteher um Mitternacht noch Gedichte auswendig lernen oder Mathematik-Aufgaben lösen.

Allerdings berücksichtigt die Gesellschaft diese Tatsache kaum bis gar nicht. Wir haben feste Schul- und Arbeitszeiten und müssen sie einhalten, egal, ob wir eine Eule oder eine Lerche sind. Das ist ungesund, denn Schlafmangel bedeutet Dauerstress für den Körper. Der ständige Kampf gegen unsere innere Uhr kann uns krank machen und beispielsweise Übergewicht zur Folge haben. Unternehmen, die fordern, dass ihre Mitarbeiter jeden Tag pünktlich um acht Uhr ihre volle Leistung bringen, gefährden also nicht nur deren Gesundheit. Sie verschwenden außerdem Produktivität. Menschen, die ihren Arbeitsbeginn nach ihrer inneren Uhr richten können, arbeiten nämlich effektiver und motivierter. Es wäre also sowohl für die Unternehmen als auch für die Angestellten ein Gewinn, sich von dem strengen Zeitplan zu lösen und flexiblere Arbeitszeiten einzuführen.

Aus demselben Grund fordern auch viele Wissenschaftler und Eltern einen späteren Schulbeginn. Oft fängt die erste Stunde vor acht Uhr an. In Untersuchungen wurde festgestellt, dass bei Schülern, die extreme Nachteulen sind, die Noten sehr viel schlechter ausfallen als bei den Mitschülern, die gut früh aufstehen können. Wenn man den festen Zeitplänen gar nicht entfliehen kann, sollte man an den Wochenenden und freien Tagen, das Schlafdefizit unbedingt durch langes Schlafen ausgleichen, raten Experten.

1 Man könnte mehr Zeit haben,

- A indem man versucht, nicht im Dauerstress zu leben.
- B indem man ein individuelles Leben führt.
- C indem man auf seine innere biologische Uhr hört.

2 Menschen sind zu unterschiedlichen Zeiten fit,

- A da sie zu verschiedenen Zeiten arbeiten oder in die Schule gehen müssen.
- B da jeder Mensch eine eigene innere Uhr hat.
- C da die Uhren nicht immer genau gleich gehen.

3 Was ist der Unterschied zwischen Nachteulen und Lerchen?

- A Nachteulen schlafen mehr als Lerchen.
- B Lerchen sind nicht so kreativ wie Nachteulen.
- C Lerchen haben vormittags mehr Energie als Nachteulen.

4 Welche Konsequenzen kann Schlafmangel haben?

- A Man kann dadurch krank und dick werden.
- B Man führt dadurch einen ständigen Kampf gegen die Gesellschaft.
- C Man kann dadurch krank und zu dünn werden.

5 Wie könnten Unternehmen produktiver werden?

- A durch gesündere Mitarbeiter
- B durch höhere Motivation der Mitarbeiter
- C durch weniger strenge Arbeitszeiten

6 Ein Grund für schlechte Noten in der Schule kann sein,

- A dass die Schule nicht pünktlich beginnt.
- B dass die Schule für manche Schüler zu früh beginnt.
- C dass man früh aufsteht.

b) Ergänzen Sie die fehlenden Nomen mit den Buchstaben in den Klammern.

1 Ich komme kaum noch ins Bett und leide sehr unter dem ______ (mangschlafel).

2 Es gibt eine neue ______ (rietheo), wie man zu mehr Zeit kommt.

3 Jeder Mensch hat ein individuelles ______ (fenszeitter) für seine besten Leistungen.

4 Nicht alle Menschen sind ______ (eraufführsteh).

5 Und nicht jeder hat um ______ (ternachtmit) viel Energie.

6 Unternehmen und Angestellte würden von individuellen ______ (tenbeitszeiar) profitieren.

7 Es ist ratsam, das ______ (deschlafzitfi) an freien Tagen auszugleichen.

c) Arbeiten Sie zu zweit oder in Kleingruppen. Wählen Sie eine der folgenden Rollen:

- Nachteule
- Lerche
- Chef/Chefin eines Unternehmens
- Lehrer/Lehrerin in einem Vormittagskurs

Welche Pläne haben diese Personen für die Zukunft, nachdem sie den Text aus a) gelesen haben? Was möchten sie in der Zukunft besser machen oder ändern? Welche Versprechen geben die Personen? Oder welche Warnungen sprechen sie aus? Formulieren Sie Sätze im Futur I.

7 FUTUR – POLITIKERVERSPRECHEN

Ergänzen Sie in der Rede eines Politikers die Verben im Futur. In den Lücken können mehrere Wörter stehen.

besuchen | geben | gewinnen | kämpfen | kümmern | reichen | schaffen | sorgen | tun | ~~überzeugen~~ | weiterentwickeln

(1) Liebe Mitbürgerinnen und Mitbürger, ich werde Sie mit meinem Programm gewiss überzeugen! (2) Ich ______ mit aller Kraft für Ihre Interessen ______! (3) Mit mir ______ es keine höheren Steuern ______. (4) Meine Partei und ich ______ billigen Wohnraum ______. (5) Dank unserer Arbeit ______ Ihre Kinder die besten Schulen in diesem Land ______. (6) Auch um eine gesunde Umwelt ______ sich meine Partei ______. (7) Wir ______ konsequent für eine bessere Integration unserer ausländischen Mitbürger ______. (8) Ich verspreche, dass ich alles für mein Land ______. (9) Natürlich ______ ich meinen politischen Gegnern nach dem Sieg die Hand ______. (10) Denn nur gemeinsam ______ wir dieses Land ______. (11) Und so bin ich fest davon überzeugt, dass wir ______. Ich danke für Ihre Aufmerksamkeit!

8 FUTUR – VERMUTUNGEN

a) Warum ist Hassan so fröhlich? Drücken Sie Vermutungen aus. Verwenden Sie das Futur. Das Adverb *wahrscheinlich* können Sie weglassen.

1 (Er hat wahrscheinlich Urlaub.) Er wird Urlaub haben.

2 (Seine Eltern sind wahrscheinlich zu Besuch.) ______

3 (Er freut sich wahrscheinlich über ihren Besuch.) ______

______

4 (Er zeigt ihnen wahrscheinlich die Stadt.) ______

5 (Er fährt mit ihnen wahrscheinlich auch ans Meer.) ______

b) Drücken Sie die Vermutungen mit *wohl, vielleicht, wahrscheinlich, bestimmt, sicher* oder *vermutlich* und Futur I aus. Die Verben für Vermutungen entfallen. Es gibt mehrere Lösungen.

1 (Ich glaube, Herr Becker ist krank.) Herr Becker wird wohl krank sein.

2 (Ich vermute, dass die Schröders im Urlaub sind.) Die Schröders werden bestimmt

3 (Wir vermuten, dass Lea und Lars zusammenziehen.)

4 (Ich denke, dass ihr Lars' Wohnung übernehmen könnt.)

5 (Ich denke, du wirst pünktlich mit der Hausarbeit fertig.)

6 (Ich bin ziemlich sicher, sie ruft mich heute Abend an.)

7 (Ich glaube, dass Hassan in die Türkei fliegen will.)

1 BERUF

a) Welches Wort passt nicht in die Reihe? Streichen Sie es durch. Warum passt es nicht?

1 Arbeitnehmer – Arbeitgeber – Mitarbeiter – Beschäftigte
2 Unternehmen – Firma – Team – Betrieb
3 Auszubildende – Abteilung – Leiterin – Sekretärin
4 Produktion – Besprechung – Verwaltung – Marketing
5 Arbeitsplatz – Stelle – Beruf – Voraussetzungen
6 Praktikum – Wochenstunden – Teilzeit – Überstunden
7 Fachwissen – Kenntnisse – Einkommen – Erfahrungen

b) Wie heißen die Wörter zum Thema Arbeit und Beruf? Ordnen Sie zu und ergänzen Sie ggf. die Artikel und den Plural.

1	arbeits-	A	-ausbildung,
2	Berufs-	B	-gehalt,
3	selbst-	C	-anzeige,
4	Vorstellungs-	D	-befristet
5	Lebens-	E	-klima
6	Stellen-	F	-lauf,
7	Brutto-	G	-vertrag,
8	un-	H	-los
9	Betriebs-	I	-gespräch,
10	Arbeits-	J	-ständig

1	2	3	4	5	6	7	8	9	10

2 HÖFLICHE BITTEN UND FRAGEN MIT KONJUNKTIV II

a) Ergänzen Sie die Verben im Konjunktiv II.

1 Frau Münch, w Sie mir bitte mal helfen? – Sofort. Ich w noch gerne diese E-Mail abschicken.
2 Guten Tag, was h Sie denn gerne? – Einen Milchkaffee, bitte.
3 Das ist ja eine Traumwohnung! So eine Wohnung h ich auch gern! Wie hoch ist denn die Miete? – Darüber w ich lieber nicht sprechen. Denn das ist nicht so traumhaft an der Wohnung.

b) Formulieren Sie höfliche Bitten und Fragen mit Konjunktiv II. Es gibt mehrere Lösungen.

1 Gehen Sie bitte nach hinten durch!

Würden / Könnten Sie bitte nach hinten durchgehen?

2 Bitte machen Sie das Fenster zu!

Würden Sie bitte

3 Schick mir bitte die Unterlagen zu!

Könntest

4 Bitte reservieren Sie mir zwei Kinokarten!

5 Geben Sie mir bitte drei Brötchen und ein Vollkornbrot.

6 Bringst du mir einen Kaffee mit?

7 Holt bitte die Fahrräder aus dem Keller!

8 Macht bitte nach dem Unterricht die Fenster zu und das Licht aus!

9 Lasst bitte nicht immer die Heizung an!

10 Putzen Sie immer nach dem Unterricht die Tafel!

11 Wirf den Müll bitte in den Abfalleimer!

3 KONDITIONALE NEBENSÄTZE MIT *WENN*

Verbinden Sie die Sätze mithilfe der Konjunktion *wenn*. Achten Sie auf die Logik!

1 Melden Sie sich bitte! Sie brauchen Hilfe bei der Übung.

2 Ich backe einen leckeren Schokoladenkuchen. Ihr kommt mich besuchen.

3 Sie nehmen die Medizin täglich. Es geht Ihnen bald besser.

4 Man macht regelmäßig Sport. Das Immunsystem ist stärker.

5 Ich lasse das Auto stehen und nehme die U-Bahn. Es schneit.

6 Ihr habt keine anderen Pläne. Kommt doch mit zu der Party.

1 STELLENANGEBOTE

a) Ergänzen Sie die Stellenanzeigen mit den vorgegebenen Wörtern (eine Lücke pro Wort). Achten Sie auf die passende Form!

abwechslungsreich | Anschreiben | Aufgabe | sich bewerben als | sich bewerben bei | dauerhaft | Eintrittstermin | Erfahrung | Gehalt | Lebenslauf | Profil | Sozialleistung | Tätigkeit | Unternehmen | Vollzeit

Online-Tutoren für alle Universitätsfächer in Bremen gesucht

Unser wachsendes __________ (1) bringt private Nachhilfe online. Durch unser breites Angebot auf unseren Plattformen konnten wir bereits eine große Studenten-Gemeinschaft begeistern, die nur auf motivierte und ausgezeichnete Nachhilfelehrer wie dich wartet! Wir suchen deshalb Studierende, Promovierende oder Absolventen (m/w/d) als Online-Tutoren (m/w/d) für sämtliche Hochschulfächer.

__________ (2)

- kompetente Nachhilfe anbieten
- jedes Fach, das an Universitäten gelehrt wird, kann man anbieten

Profil:

- Freude am Unterrichten und bestenfalls bereits __________ (3) im Nachhilfe-Bereich
- gute Noten und Expertise in einem Fachbereich

Angebot:

- ein attraktives __________ (4)
- eine Gemeinschaft von über 50.000 Studenten
- flexible Arbeitszeiten und Einsatzorte

Interessiert? Super! Dann ______ ______ ______ (5) Tutor über unsere Website.

Wir freuen uns auf dich!

Paketzusteller / -in

Für die Niederlassung in München Ost sucht UPD einen Paketzusteller / eine Paketzustellerin in __________ (6). Ihre Aufgaben sind das Zustellen und Abholen von Paketen.

Wir bieten Ihnen eine erstklassige Bezahlung, sehr gute __________ (7), eine umfassende Einarbeitung sowie eine __________ (8) Beschäftigungsmöglichkeit.

Ihr __________ (9):

Sie besitzen einen Führerschein Klasse 3, C1 bis 7,5 t, mit mind. 4 Jahren Fahrpraxis. Außerdem sind Sie gesund und stark genug für diese körperlich anspruchsvolle __________ (10).

Haben Sie Lust auf diese __________ (11) Tätigkeit? Dann __________ Sie __________ doch __________ (12) uns.

Wir freuen uns darauf, Sie kennenzulernen!

Bitte senden Sie Ihre vollständigen Bewerbungsunterlagen mit __________ (13), __________ (14) und Zeugnissen sowie der Angabe des frühestmöglichen __________ (15) in elektronischer Form an bewerbung@upd.de.

b) Ergänzen Sie die fehlenden Buchstaben im Dialog.

Claudia: Hallo Lisa. Ich brauche deinen Rat. Hast du kurz Zeit?

Lisa: Hallo Claudia. Ja klar. Worum geht's?

Claudia: Du weißt doch, dass ich mich bei verschiedenen Unternehmen a___ (1) Praktikantin b___w___r___e___ (2) habe.

Lisa: Ja genau. Für die Semesterferien. Hast du schon eine Z___s___g___ (3)?

Claudia: Nein. Aber zwei Einladungen zum V___r___t___ll___ng___g___s___r___ch (4). Das ist zwar toll, aber stell dir vor, sie sind genau am selben Tag. Eins in Berlin und eins in München! Das ist doch echt unglaublich!

Lisa: Das gibt's ja nicht! Aber trotzdem: Gratulation. Die erste Hürde ist geschafft. Hast du denn einen Favoriten?

Claudia: Ja, das U___t___r___eh___e___ (5) in Berlin interessiert mich am meisten. Außerdem bekommt man da auch ein Mini-G___h___l___ (6).

Lisa: Dann würde ich an deiner Stelle Folgendes machen: Ruf in München an und versuch, das Gespräch auf einen anderen Tag zu v___r___c___ie___en (7). Wenn das nicht klappt, dann musst du eben a___s___g___n (8). Die Einladung aus Berlin solltest du auf jeden Fall a___n___hm___n (9). Ich wünsche dir jetzt schon viel Glück!

Claudia: Ja, das ist eine gute Idee, so mache ich's. Danke!

2 RATSCHLÄGE MIT KONJUNKTIV II – DR. KNOBEL IST ZU DICK

Dr. Knobel ist zu dick. Erteilen Sie ihm Ratschläge. Es gibt mehrere Lösungen.

- *An Ihrer Stelle würde ich ...* + Infinitiv
- *Ich an Ihrer Stelle würde ...* + Infinitiv
- *Wenn ich Sie wäre, würde ich ...* + Infinitiv
- *Sie könnten / müssten / sollten ...* + Infinitiv

1 (weniger Fleisch essen) An Ihrer Stelle würde ich weniger Fleisch essen.

2 (auf Fett verzichten) Sie sollten ___

3 (keinen Alkohol trinken) ___

4 (mehr Sport treiben) ___

5 (öfter mit dem Fahrrad fahren) ___

6 (nicht so oft den Fahrstuhl benutzen) ___

7 (lieber mal Treppen steigen) ___

8 (häufiger einen Spaziergang machen) ___

9 (eigener Vorschlag) ___

3 KONFLIKTE AM ARBEITSPLATZ

a) Aus welchen Gründen kann es Konflikte zwischen Kollegen/Kolleginnen geben? Sprechen Sie im Kurs.

b) Hören Sie ein Radiogespräch und bearbeiten Sie die Aufgaben.

1 Kreuzen Sie die richtige Aussage an: Es gibt Konflikte am Arbeitsplatz, ...

- **A** weil Kollegen verschiedene Aufgaben haben.
- **B** obwohl Kollegen auch Freunde sind.
- **C** denn Kollegen haben verschiedene Erfahrungen gemacht.

2 Worüber regen sich Kollegen auf? Notieren Sie vier der Gründe, die Frau Köhler nennt.

-
-
-
-

3 Kreuzen Sie die falsche Aussage an: Bei der Arbeit werden Kleinigkeiten schnell zum Problem, ...

- **A** da man sich täglich sieht.
- **B** da man alles mit dem Team bespricht.
- **C** da man oft gestresst ist.

4 Wie sollte man ein Problem besprechen? Ergänzen Sie.

- einen guten Z __________ wählen
- das Problem unter vier A __________ besprechen
- immer s __________ bleiben

5 Welche Aussagen zu Sabine Frank stimmen? Kreuzen Sie an.

- **A** Sie arbeitet in einer Bücherei.
- **B** Sie arbeitet Teilzeit.
- **C** Sie arbeitet manchmal vormittags und manchmal nachmittags.
- **D** Sie und ihre Kollegin teilen sich die Aufgaben.
- **E** Sie beschwert sich, weil der Platz im Büro zu klein ist.
- **F** Sie ist am Arbeitsplatz ordentlicher als ihre Kollegin.
- **G** Sie ärgert sich darüber, dass die Stifte oft kaputtgehen.
- **H** Sie räumt auf, um die Arbeitsatmosphäre zu verbessern.

6 Welche Aussagen zu Jonas Diel stimmen? Kreuzen Sie an.

- **A** Er arbeitet auf dem Markt.
- **B** Er mag Teamarbeit.
- **C** Er findet die Arbeitsweise von anderen super.
- **D** Er kann sich nicht auf seine Kollegen verlassen.
- **E** Er macht bei manchen Projekten 70 % der Arbeit.
- **F** Sein Kollege macht jeden Tag um die gleiche Zeit Feierabend.
- **G** Sein Kollege engagiert sich nicht genug bei der Arbeit.
- **H** Sein Kollege hat gute eigene Ideen.

7 Wann steht Frau Köhler im Chat bereit? Kreuzen Sie an.

A	nach 2 Uhr
B	ab 12 Uhr
C	bis 12 Uhr

8 Kreuzen Sie die richtige Aussage an: Frau Köhlers Buch ...

A	kann man im Chat kaufen.
B	ist ein Ratgeber.
C	braucht viel Zeit.

c) Lesen Sie die Ratschläge für Frau Frank und Herrn Diel und korrigieren Sie jeweils acht falsche Wörter; die Wortart soll dabei gleich bleiben. Hören Sie das Radiogespräch dann zur Kontrolle noch einmal.

Ratschläge für Sabine Frank:

Kommen Sie einmal früher, sodass Sie ~~schnell~~ persönlich mit Ihrer Kollegin sprechen können. Sagen Sie ihr freundlich und ruhig, was Sie mögen und welche Auswirkungen das auch auf Ihre Stimmung hat. Machen Sie Stress! Es ist immer sehr gut, wenn man nicht nur kommuniziert, sondern gleich einen Vorschlag macht, wie man das Problem lösen darf. Zum Beispiel könnten Sie vielleicht noch ein Regal in Ihrem Büro aufstellen, wo jede von Ihnen ein Fach hat, oder Sie haben beide eigene Stifte. Überlegen Sie neben dem Gespräch, was Ihnen am wichtigsten ist. Sie können nicht erwarten, dass Ihre Kollegin sofort alles verkauft. Aber am Ende des Gesprächs sollten Sie einen Kompromiss finden.

Ratschläge für Jonas Diel:

Was Sie brauchen, sind gute Freunde. Machen Sie Folgendes: Dokumentieren Sie die langweiligen beiden Projekte, die Sie mit ihm haben. Schreiben Sie auf, was Sie gemacht haben und was er. Notieren Sie auch besondere Situationen, wie das Aufräumen eines Meetings um 18 Uhr. Und mit diesen Bildern haben Sie eine gute Gesprächsbasis. Ich würde Ihnen auch schreiben, zuerst das Gespräch mit dem Kollegen zu suchen. Für zukünftige Projekte sollten Sie zu Ende klare Absprachen treffen: Wer macht was? Wer bleibt an welchen Tagen gestresst, falls es nötig ist? Wie sieht eine optimale Krankheitsvertretung aus? Falls es sich trotzdem nicht bessert, müssen Sie das Gespräch mit Ihrer Mutter suchen. Und auch für dieses Gespräch haben Sie dann nicht nur die Gefühlsbeschreibung, sondern mit den Notizen viele Beispiele.

d) Hatten Sie schon Konflikte am Arbeitsplatz oder haben davon gehört? Sprechen Sie in Kleingruppen.

4 DIENSTFAHRRAD

a) Lesen Sie die Überschrift des Textes und sehen Sie sich das Foto an. Was ist ein Dienstrad? Wer kann es nutzen? Welche Vorteile hat ein solches Fahrrad? Sprechen Sie im Kurs über Ihre Vermutungen.

b) Lesen Sie den Text einmal schnell (2-3 Min.). Welche Themen hat der Text? Was haben Sie schon verstanden? Sprechen Sie im Kurs.

DIENSTRÄDER SIND VOLL IM TREND

Es ist in Unternehmen seit Jahren eine gängige Praxis, Arbeitnehmern bei guter Leistung einen Dienstwagen zu überlassen. Ein schickes Auto, das man zu günstigen Konditionen über die Firma bekommen kann, ist für viele Mitarbeiter Anreiz und Belohnung zugleich. Relativ neu hingegen ist der Trend, den Mitarbeitern Fahrräder zur Verfügung zu stellen.

Sven Schmitz ist leidenschaftlicher Fahrradfahrer. Er schwingt sich, wann immer es möglich ist, auf sein Rad. Er fährt bei Wind und Wetter – selbst wenn es in Strömen regnet, kommt er durch seine wetterfeste Kleidung garantiert trocken ans Ziel. Sven Schmitz besitzt kein Auto. Er fährt mit seinem Fahrrad jeden Morgen 9 km zur Arbeit und erledigt auf dem ebenso langen Nachhauseweg noch Einkäufe.

„Seit einer Knie-OP fällt es mir allerdings nicht mehr so leicht, die Berge auf meinem Arbeitsweg hochzustrampeln. Früher war das kein Problem, heute merke ich die Belastung deutlich. Meine Knie tun weh, und wenn es zu schlimm wird, muss ich das Fahrrad die Berge hochschieben", erzählt Sven Schmitz. Oft schon hat er deshalb überlegt, sich ein E-Bike anzuschaffen, das ihn bei bergigen Strecken mit einem Motor unterstützt. „Ein gutes E-Bike beginnt preislich etwa bei 1.700 €. Das kann ich mir leider nicht leisten."

Als Sven von einem Bekannten hört, dass dieser ein Dienstfahrrad von seiner Firma bekommen hat, informiert er sich im Internet über diese Möglichkeit. Er findet heraus, dass es Arbeitgebern möglich ist, ihren Mitarbeitern Fahrräder zur Verfügung zu stellen. Das Konzept funktioniert genau wie beim Dienstwagen: Der Mitarbeiter least das Fahrrad, er mietet es also bei seinem Arbeitgeber, dem das Rad gehört. Die Miete, Leasingrate genannt, wird dem Arbeitnehmer monatlich automatisch von seinem Bruttogehalt abgezogen. Das ist bequem und spart Steuern, sowohl für den Arbeitnehmer als auch für den Arbeitgeber.

„Ich habe mir mein Traumfahrrad in einem Fahrradladen ausgesucht", berichtet Sven weiter. „Ein schwarzes Elektro-Mountainbike, das 2.500 € kosten sollte. Mit den gesammelten Informationen und einem Foto von meinem Wunschfahrrad bin ich dann zu meinem Chef gegangen. Der hatte selbst auch schon von der Möglichkeit des Dienstfahrrads gehört und zeigte direkt Verständnis für mein Anliegen. Einige Wochen später schon konnte ich mit meinem neuen Fahrrad zur Arbeit fahren – ohne Knieschmerzen."

Die Anzahl der Mitarbeiter, die sich mithilfe der Firma ein Fahrrad leisten, steigt zusehends. Im Jahre 2017 gab es schon etwa 200 000 Diensträder auf deutschen Straßen, Tendenz steigend.

„So ein Dienstrad hat allerdings nicht nur Vorteile", gibt Verbraucherschützer Johannes Dietrich zu bedenken. „Jeder Mitarbeiter, der das Angebot in Anspruch nehmen möchte, sollte sich vorher genau überlegen, ob die hochpreisigen Räder wirklich einen steuerlichen Vorteil für ihn bieten. Außerdem muss sichergestellt werden, dass das Dienstrad gut versichert ist, sodass der Arbeitnehmer bei Diebstahl oder Unfällen nicht auf den Kosten für Ersatz oder Reperatur sitzenbleibt.

c) Überlegen Sie zu zweit, wo im Text Sie die Antworten auf die folgenden Fragen finden. Beantworten Sie sie in Stichworten mithilfe der gefundenen Textstellen.

1 Warum geben manche Firmen ihren Arbeitnehmern Dienstwagen?

2 Wann fährt Sven Schmitz gerne mit dem Fahrrad?

3 Was wünscht sich Sven Schmitz und warum?

4 Bekommt man ein Dienstfahrrad geschenkt?

5 Was sollte man sich vor der Anschaffung eines Dienstfahrrads überlegen?

d) Richtig oder falsch? Kreuzen Sie an.

R	F	1	Sven Schmitz fährt auch bei Regen Fahrrad.
R	F	2	Sven Schmitz' Arbeitsstrecke beträgt hin und zurück 18 km.
R	F	3	Wegen seiner Knieprobleme muss Sven Schmitz sein Rad schieben, sobald es bergauf geht.
R	F	4	Ein E-Bike hat einen Motor.
R	F	5	Ein Elektrofahrrad kostet 1.700 €.
R	F	6	Dienstwagen und Diensträder bekommen die Mitarbeiter geschenkt.
R	F	7	Mitarbeiter können sich zwischen Dienstwagen und Dienstfahrrad entscheiden.
R	F	8	Das Dienstfahrrad von Sven Schmitz kostet 2.500 €.
R	F	9	Die Anzahl an Diensträdern auf deutschen Straßen wächst.
R	F	10	Mitarbeiter müssen Reparaturen an ihren Dienstfahrrädern immer selbst bezahlen.

e) Sprechen Sie in Kleingruppen. Stellen Sie sich vor, Ihr Arbeitgeber / Ihre Arbeitgeberin möchte sich für Ihre gute Arbeit bedanken und Sie für die Zukunft motivieren. Sie haben die Wahl zwischen unterschiedlichen Angeboten. Wofür entscheiden Sie sich und warum?

- eine klassische Gehaltserhöhung, also monatlich etwas mehr Geld auf dem Konto
- andere finanzielle Leistungen, z. B. Weiterbildungsmöglichkeiten, Übernahme der Kita-Gebühren, Gewinnbeteiligung
- Sachleistungen, z. B. Dienstwagen, Dienstfahrrad, Dienstlaptop, Diensthandy

f) Beschreiben Sie die finanziellen oder materiellen Möglichkeiten von Unternehmen, ihre Mitarbeiter und Mitarbeiterinnen zu motivieren. Was halten Sie von solchen Extras zur Motivation? Welche Motivationsmöglichkeiten halten Sie in welcher Situation für sinnvoll? Welchen Bonus würden Sie selbst am liebsten bekommen? Schreiben Sie einen Text zu diesem Thema und begründen Sie Ihre Meinung.

5 ANSCHREIBEN – DAS BESTE PRAKTIKUM DER WELT

Lesen Sie die Stellenanzeige und schreiben Sie ein Anschreiben für Ihre Bewerbung. Begründen Sie, warum ausgerechnet Sie die Stelle bekommen sollen. Schreiben Sie auch Ihre Adresse und die Adresse des Empfängers und denken Sie an das Datum, den Betreff, eine passende Anrede, eine Einleitung und einen passenden Schluss.

Du willst in alle Länder reisen und deine Freunde zu Hause neidisch machen? Dann ist dieses Praktikum genau das Richtige für dich! *Urlaubsmaniac* bietet dir die einzigartige Chance auf das größte Abenteuer deines Lebens!

Praktikant (m/w/d)

Deine Aufgaben:
- Du testest Reise-Angebote.
- Du verfasst Erlebnisberichte.
- Du arbeitest mit unserer Online-Redaktion zusammen.

Was wir bieten:
- junges, sympathisches Team
- Laptop und Kamera für deine Arbeit
- das coolste Büro der Welt
- das größte Abenteuer deines Lebens

Dein Profil:
- Du sprichst Deutsch, Englisch und am besten noch eine weitere Sprache.
- Du reist gern.
- Du hast keine Flugangst.
- Du kannst gut fotografieren.
- Du bist freundlich und zuverlässig.

Interessiert?!?
Dann bewirb dich online mit Anschreiben (Vergiss nicht die überzeugenden Argumente, warum genau du die Praktikumsstelle bekommen sollst!), Lebenslauf und Foto:
praktikum@urlaubsmaniac.de

Hans-Martin Trip
Personalabteilung
Urlaubsmaniac GmbH
Goethestraße 30
10625 Berlin
urlaubsmaniac.de

6 OFFIZIELLE E-MAIL – INTERNATIONAL OFFICE

Sie haben in zwei Wochen im International Office Ihrer Hochschule einen Termin bei Frau Richter, um sich über Möglichkeiten für ein Stipendium für ausländische Studierende beraten zu lassen. Nun haben Sie erfahren, dass genau an diesem Tag die Abschlussprüfung in Ihrem Deutschkurs stattfindet. Sie möchten den Termin gerne verschieben.
Schreiben Sie eine E-Mail an Frau Richter, entschuldigen Sie sich höflich und erklären Sie, warum Sie nicht kommen können. Machen Sie auch einen Vorschlag für einen neuen Termin. Vergessen Sie nicht eine passende Anrede, einen Betreff und eine Grußformel.

7 KONJUNKTIV II DER HILFS- UND MODALVERBEN

Ergänzen Sie den Konjunktiv II der Hilfsverben *haben* und *sein* und der Modalverben.

1 Ich w______ gerne dünner. – Dann s______ du mehr Sport machen. Du k______ auch deine Ernährung umstellen. Und du d______ keine Schokolade mehr essen!

2 Wenn es doch nur schon Sommer w______! – Warum? Was w______ dann? – Ich k______ am Strand in Italien liegen und m______ mich nicht mehr um diese blöde Exceltabelle hier kümmern. Es s______ einfach mehr Urlaub geben!

3 Ich w______ gern Millionär! Dann h______ ich keine Geldprobleme mehr. – Au ja! Wenn ich eine Million Euro h______, k______ ich mir einen Sportwagen kaufen! Und was w______ dein Wunsch? – Hm, vielleicht eine Villa mit Pool und Hubschrauberlandeplatz!

8 KONUNKTIV II – *WÜRDE-* + INFINITIV UND „EINFACHE" FORM

a) Formulieren Sie Wünsche im Konjunktiv II. Schreiben Sie in Ihr Heft.

Ich hätte gern eine dicke Jacke.
Am liebsten würde ich ...

1

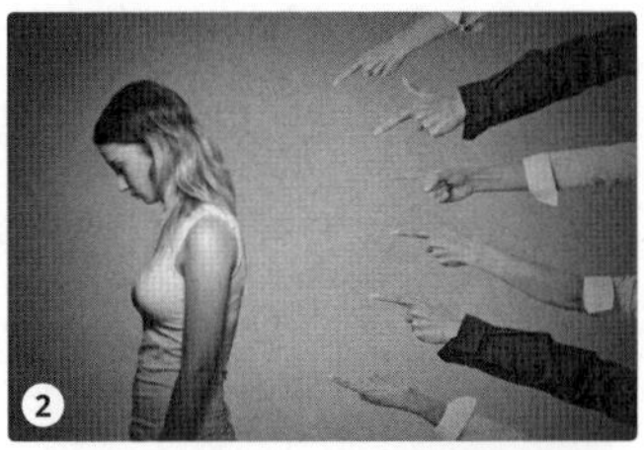
2

3

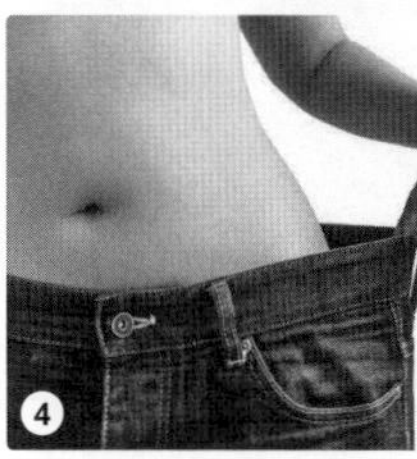
4

5

6

b) Ergänzen Sie die Ratschläge mit den Verben in Klammern im Konjunktiv II (ein Wort pro Lücke).

Uli: Hallo Erika. Wir haben uns ja schon lange nicht mehr gesehen. Wie geht es dir?

Erika: Hallo Uli. Schön, dich zu sehen. Mir geht es leider zur Zeit nicht so gut. Mein Freund und ich haben uns getrennt und ich fühle mich einsam.

Uli: Oh, das tut mir leid für dich! (1) An deiner Stelle ______ ich viel mit Freunden ______ (unternehmen).

Erika: Danke für den Rat. Leider muss ich Überstunden machen und habe wenig Zeit zum Weggehen.

Uli: (2) Du ______ dich auch bei einem Onlinedating-Portal ______, um in Kontakt mit neuen Menschen zu kommen (anmelden können). (3) Du ______ auf jeden Fall ______, auf andere Gedanken zu kommen (versuchen sollen).

Erika: Du hast recht. Vielleicht mache ich das mal. Und wie geht es dir und deiner Frau?

Uli: Danke, gut. Aber es gibt Neuigkeiten: Ich wurde von meinem Chef überredet, ein paar Jahre in der Außenstelle unserer Firma in Japan zu arbeiten. Im März geht es los.

Erika: Wow! Das sind ja tolle Neuigkeiten. Das wird sicher spannend!

Uli: Ja. Aber leider spreche ich kaum Japanisch. Das macht mir Sorgen.

Erika: (4) Wenn ich du ___, ___ ich sofort einen Privatlehrer ___ (sein, suchen). (5) Deine Frau ___ dann auch gleich ___ (mitlernen können). (6) Das ___ deine Firma doch ___, oder (bezahlen müssen)?

Uli: Ja. Das machen sie. Aber ich finde einfach keinen Japanischlehrer.

Erika: (7) An deiner Stelle ___ ich einmal beim Deutsch-Japanischen Verein ___ (nachfragen). Dort können sie dir sicher weiterhelfen. ...

c) Sprechen Sie zu zweit. Betrachten Sie das Bild und formulieren Sie Vermutungen mit *könnte-* + Infinitiv.

Das könnte ... sein.
Es könnte auch ... zeigen / darstellen.

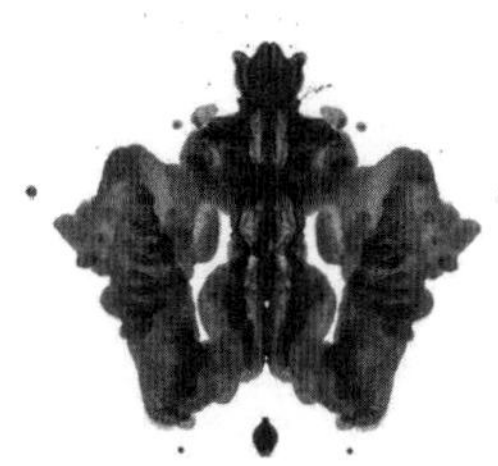

d) Bilden Sie Sätze im Konjunktiv II. Ergänzen Sie die Artikel und Adjektivendungen und verwenden Sie die passende Form der Reflexivpronomen.

1 können / bitte / sich unterhalten / ihr / leiser / ?

___

2 du / ich / sein / wenn / , / so spät / ich / Bett / nicht / gehen / in / .

___

3 wirklich / treiben / du / mehr Sport / sollen / !

___

4 wissen / wenn / Antwort / er / , / er / dann / sich melden / .

___

5 ich / wünschen / mir / , / dass / besuchen / meine Familie / ich / können / .

___

9 KONJUNKTIV II – „EINFACHE" FORM

a) Finden Sie 17 „einfache" Konjunktiv-II-Formen. Sie können vertikal oder horizontal geschrieben sein. Notieren Sie die Formen mit den passenden Personalpronomen.

H	Ä	T	T	E	S	T	D	W	E	Ö	G	M	R	W	H	Ö	K	K	L
C	H	Ä	T	T	U	V	F	Ä	N	D	E	F	D	Ü	A	G	Ä	B	E
ß	I	T	I	K	L	I	T	R	E	U	F	E	L	S	L	ß	M	C	K
K	A	Z	X	G	I	N	G	E	S	T	R	S	D	S	M	V	E	B	Ü
Ö	R	E	N	L	E	J	S	C	H	R	F	O	L	T	H	G	T	O	M
N	A	U	Y	I	ß	Ü	Ä	K	S	C	H	L	I	E	F	E	I	N	Ü
N	W	Ü	R	D	E	N	Y	Q	U	M	M	L	X	N	N	Ä	U	T	S
T	W	Q	U	E	R	K	M	D	Ü	R	F	T	E	R	T	V	J	B	S
E	Ä	M	Ö	C	H	T	E	S	T	W	Z	E	I	Z	E	L	E	I	T
D	A	S	B	R	Ä	U	C	H	T	E	T	Q	U	W	O	L	L	T	E

1 ____ 7 ____ 13 ____
2 ____ 8 ____ 14 ____
3 ____ 9 ____ 15 ____
4 ____ 10 ____ 16 ____
5 ____ 11 ____ 17 ____
6 ____ 12 ____

b) Ergänzen Sie die Verben in Klammern mit der „einfachen" Form des Konjunktiv II.

1 Wenn ich wiedergeboren ____, ____ ich gerne als Mann auf die Welt (werden, kommen). Ich ____ mir nicht mehr so viele Gedanken ____, was ich anziehen soll (machen müssen). Außerdem ____ ich dann genau, was Frauen wollen, und ____ der neue Don Juan (wissen, sein)!

2 Ich ____ im nächsten Leben gerne eine Katze (sein). Dann ____ ich sieben Leben, ____ mir die Sonne auf den Bauch ____ und ____ den ganzen Tag (haben, scheinen lassen, schlafen). Das ____ herrlich (sein)!

3 Ich ____ es toll, wenn ich in meinem nächsten Leben ____ ____ (finden, fliegen können). Ich ____ nie wieder ein Flugticket und ich ____ auch nie wieder zu Fuß (brauchen, gehen)!

c) Als was kämen Sie im nächsten Leben auf die Welt? Warum? Schreiben Sie Sätze im Konjunktiv II.

10 INDEFINITPRONOMEN UND -ARTIKEL

a) Ergänzen Sie *viel-*.

1 Mit ____ bin ich nicht einverstanden.
2 Da hast du aber ____ Glück gehabt!
3 Ich wünsche dir ____ Vergnügen!
4 ____ davon wusste ich schon.
5 Im Oktober beginnt das Wintersemester. ____ suchen dann eine Wohnung.
6 Bei ____ reicht das Geld nicht für teure Wohnungen.
7 Bei der Wohnungssuche braucht man ____ Geduld.
8 Für ____ ist es ein Problem, günstigen Wohnraum zu finden.
9 Manche Vermieter haben nicht ____ Verständnis für die Probleme der Mieter.
10 Er hat die Wohnungssuche mit ____ Hoffnung begonnen.
11 Aber nach vier erfolglosen Wochen war auch ____ Frust dabei.
12 ____ gefällt die Wohnung nicht; sie ist alt und schmutzig.

b) Lesen Sie die Informationen und ergänzen Sie die Indefinitpronomen.

alle | einigen | einiger | keinem | keiner | viele (2x) | wenige (2x)

Name	Beruf	Alter	Wohnsituation
Isabella	Studentin	19	bei den Eltern, Zimmer, 18 m²
Karim	Student	23	1ZKDB, 28 m²
Maryam	Studentin	24	2ZKDB, 29 m², Blk.
Nihal	Student	20	Apartment, sep. Kü, 25 m², Blk.
Susan	Studentin	21	1 WG-Zi., 16 m²

1 ______ studieren.

2 ______ wohnt auf 30 m² oder mehr.

3 ______ sind 20 Jahre oder älter.

4 ______ haben einen Balkon.

5 ______ wohnen nicht mehr bei den Eltern.

6 ______ haben weniger als 20 m².

7 Die Zimmer ______ haben mehr als 20 m².

8 ______ gehört ein Haus.

9 Bei ______ gibt es eine eigene Küche.

c) Schreiben Sie weitere Aussagen wie in b).

11 IRREALE KONDITIONALSÄTZE – WAS WÜRDEN SIE TUN, WENN ...?

Arbeiten Sie zu zweit. Stellen Sie abwechselnd Fragen und geben Sie Antworten im Konjunktiv II.

Was würdest du tun, wenn ...

- ... du nachts vor deiner Tür merkwürdige Geräusche hören würdest?
- ... dein Auto auf einer einsamen Landstraße kaputt ginge?
- ... du dir nachts in einem Hotel ein Bein brechen würdest?
- ... du deinen Schlüssel nicht finden könntest?
- ... ein guter Freund dich um 100 Euro bitten würde?
- ... dir ein WG-Zimmer für 50 Euro angeboten würde?
- ... du auf der Straße ein Flugticket nach Berlin finden würdest?
- ... du dringend nach Hause müsstest, aber kein Zug und kein Bus käme?
- ... du einen Unfall beobachten würdest?
- ... ein kleines Mädchen im Supermarkt weinend seine Mutter suchen würde?
- ... du deine Hausaufgaben nicht dabei hättest?
- ... dir am Telefon jemand ein Zeitungsabonnement verkaufen wollte?
- ... deine Eltern dir ein Ticket für die Reise ins Heimatland für den Tag deiner Prüfung schenken würden?

12 UNEINGELEITETE KONDITIONALSÄTZE – ICH BRAUCHE EIN PFLASTER!

a) Ordnen Sie den Bildern (1-5) je einen passenden Nebensatz (A-E) und einen Hauptsatz (a-e) zu.

1
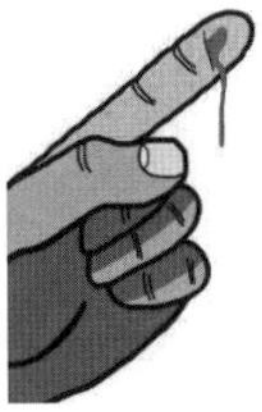

2

3
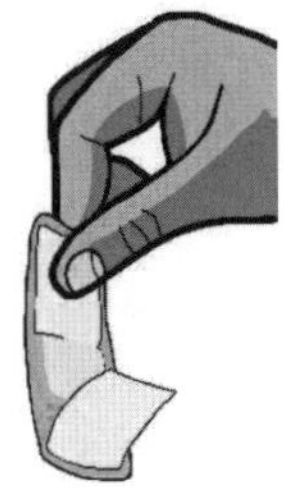

4
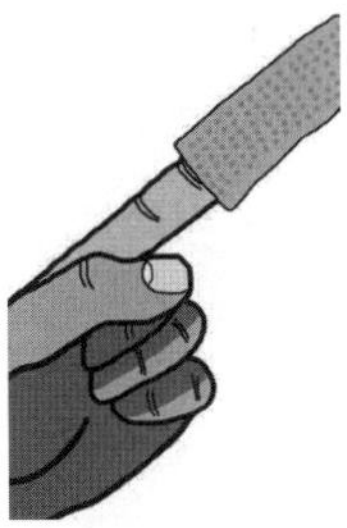

5
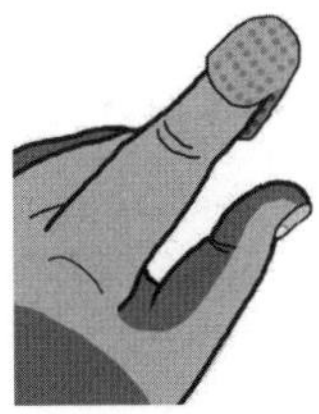

A Wenn Sie sich in den Finger geschnitten haben, ...
B Wenn Sie die Wunde reinigen wollen, ...
C Wenn die Wunde gereinigt ist, ...
D Wenn das Pflaster vorbereitet ist, ...
E Wenn das Pflaster auf der einen Seite gut klebt, ...

a ... dann nehmen Sie ein Pflaster und ziehen die Schutzfolien ab.
b ... dann müssen Sie sich um die Wunde kümmern.
c ... dann brauchen Sie Desinfektionsmittel und ein Wattestäbchen.
d ... dann falten Sie das restliche Pflaster um den Finger.
e ... dann kleben Sie es bis zur Hälfte auf die verletzte Stelle.

1	2	3	4	5

b) Formen Sie die Sätze aus a) in uneingeleitete Konditionalsätze um.

13 UNEINGELEITETE IRREALE KONDITIONALSÄTZE – WIE KÖNNTE ES SEIN?

Bilden Sie irreale uneingeleitete Konditionalsätze im Konjunktiv II wie im Beispiel. Die Adverbien *deshalb, deswegen, darum, aus diesem Grund* entfallen.

1 Simon verpasst oft die U-Bahn, deshalb kommt er immer wieder zu spät zur Arbeit.

Würde Simon die U-Bahn nie verpassen, dann käme er immer pünktlich zur Arbeit.

2 Am Wochenende ist es kalt, darum können wir nicht schwimmen gehen.

3 Ich gehe immer sehr spät ins Bett, deswegen schlafe ich bis mittags.

4 Julia lernt nicht so viel für die Schule. Deshalb muss sie die Prüfungen wiederholen.

5 Das Kind weiß die Antwort nicht. Darum braucht es Hilfe von der Lehrerin.

6 Ihr seid sehr unordentlich. Aus diesem Grund findet ihr eure Sachen nie wieder.

1 KONJUNKTIONEN

Verbinden Sie die Sätze mit *und*, *oder*, *aber* und *sondern*. Einige Stellen müssen Sie umformulieren.

1 Meine Kollegin hat sich einen neuen Laptop gekauft. Sie hat außerdem ein neues Smartphone.

2 Du solltest nicht mit deinen Freunden ins Kino gehen. Du solltest deiner Schwester beim Umzug helfen.

3 Ich fahre dieses Jahr nach Spanien in den Urlaub. Portugal ist auch eine Möglichkeit.

4 Die schwarze Tasche ist schön. Allerdings ist sie mir zu teuer.

5 Du musst dich entscheiden, ob du in den Semesterferien ein Praktikum machen willst. Zusätzlich zum Ferienjob ist das zeitlich nicht möglich.

6 Mein Freund ist nicht in die USA gezogen. Er hat sich dafür entschieden, hier zu bleiben.

7 Ich würde gerne mal eine Torte backen. Leider weiß ich nicht, wie das geht.

2 RELATIVSÄTZE IM NOMINATIV, AKKUSATIV UND DATIV

Ergänzen Sie die Endungen und die Relativpronomen. Manche Lücken bleiben leer (/).

1 Tim postet ein ___ Foto, ___ kaum erkennbar ist.
2 ..., ___ man sich stundenlang ansehen möchte.
3 ..., ___ man nicht ansieht, dass es nur mit dem Handy gemacht wurde.
4 Pia schreibt ein ___ Text, ___ man kaum versteht.
5 ..., ___ sehr kompliziert ist.
6 ..., ___ man anmerkt, dass er in großer Eile geschrieben wurde.
7 Eric ist jemand ___, ___ alle mögen.
8 ..., ___ auf dem Land aufgewachsen ist.
9 ..., ___ Psychologie studieren will.
10 Lars arbeitet gern mit Menschen zusammen, ___ er vertrauen kann.

3 PRÄPOSITIONEN

Ergänzen Sie die Präpositionen und die Endungen, wenn nötig.

1 Professor Dreistein ist sehr beliebt ______ sein___ Studenten.

2 Elke ist müde ______ d___ vielen Hausaufgaben.

3 Wir sind erstaunt ______ die ho___ Temperatur.

4 Die Studenten sind ______ ein___ Reise nach Paris interessiert.

5 Und sie sind ______ d___ Preis auch einverstanden.

6 Viele Studenten sind finanziell abhängig ______ ihr___ Eltern.

7 Die Lehrer sind ______ d___ guten Noten ihrer Studenten sehr erfreut.

8 Die Studenten sind ______ d___ neu___ Beamer zufrieden.

9 Obst ist reich ______ Vitaminen.

10 Die Eltern waren ______ ihr___ Kind sehr besorgt.

11 Jeden Tag Computer spielen ist schädlich ______ d___ Augen.

4 GENITIV

a) Formulieren Sie Sätze mit Genitivattribut.

1 Im Schrank stehen die neuen Schuhe. (meine Mutter)

Im Schrank stehen die neuen Schuhe meiner Mutter.

2 Die Eltern wohnen in Brasilien. (meine nette Mitbewohnerin)

______

3 Oh nein! Ich kann das Buch nicht wiederfinden. (der neue Lehrer)

______

4 Im Urlaub besichtige ich das Wohnhaus. (ein berühmter Autor)

______

5 Die Katze ist weggelaufen. (unsere Nachbarskinder)

______

b) Ergänzen Sie Artikel und Endungen, wenn nötig. Manche Lücken bleiben leer (/).

1 Heute findet das 30-jährige Jubiläum d___ Firma___ mein___ Mann___ statt. Was soll ich dazu nur anziehen?

2 Hast du Marina___ Telefonnummer? – Nein, leider nicht. Aber die Schwester mein___ Freund___ wohnt mit ihr zusammen in einer WG. Die kann ich mal fragen.

3 Heute war die Vorstellung unser___ neu___ Chef___. Er ist wirklich nett! Für ihn ist die Zufriedenheit sein___ Mitarbeiter am wichtigsten. Außerdem möchte er den Umsatz im Zeitraum ein___ Jahr___ um 20 Prozent steigern. Ich bin gespannt, ob er seine Pläne umsetzen wird.

5 VERGLEICHSSÄTZE MIT KOMPARATIV – ELISABETH UND ANNA

Lesen Sie den Text und ergänzen Sie dann die Vergleichssätze. Pro Lücke können ein oder mehrere Wörter stehen. Es gibt mehrere richtige Lösungen.

Elisabeth und Anna sind 16 Jahre alt und die besten Freundinnen. Aber manchmal gibt es Probleme, denn Anna darf viel mehr. Ihre Eltern sind liberal. Sie vertrauen ihrer Tochter. Anna darf normalerweise bis 22 Uhr ausgehen, sie darf bei Freundinnen übernachten, sie darf ihre Freizeitaktivitäten selbst bestimmen und sie kann für die Schule lernen, wann sie möchte. Jetzt möchte Anna einen Job als Babysitterin annehmen und ihre Eltern haben nichts dagegen. Damit kann sie ihr Taschengeld aufbessern und sich ein paar Dinge extra leisten. Elisabeths Eltern aber sind streng. Sie überwachen ihre Tochter und erlauben ihr nicht so viel. Elisabeth muss immer um 20 Uhr zu Hause sein. Sie darf nur selten bei Freundinnen übernachten und sie kann ihre Freizeitaktivitäten nicht frei wählen. Auch muss sie täglich für die Schule lernen. Arbeiten darf sie natürlich nicht, denn ihre Eltern befürchten dann schlechtere Leistungen in der Schule. Also hat Elisabeth auch nicht so viel Geld wie Anna und kann sich nur wenig leisten.

1 Annas Eltern erlauben Anna mehr , als Elisabeths Eltern Elisabeth erlauben.

2 Elisabeths Eltern sind ______ Annas Eltern.

3 Annas Eltern sind ______ streng ______ Elisabeths Eltern.

4 Anna darf ______ ausgehen ______ Elisabeth.

5 Elisabeth darf ______ Anna bei Freundinnen übernachten.

6 Anna kann ihre Freizeitaktivitäten ______ wählen ______ Elisabeth.

7 Elisabeth muss ______ Anna für die Schule lernen.

8 Elisabeth hat ______ Geld ______ Anna.

9 Annas Eltern finden es ______, ihrer Tochter zu vertrauen, ______ streng zu sein.

10 Im Gegensatz dazu finden Elisabeths Eltern es ______, wenn ihre Tochter viel lernt, ______ dass sie einen Nebenjob hat.

11 In der Zukunft will Elisabeth ihren Kindern lieber ______ Freiheiten geben, ______ zu streng zu sein.

1 WORTSCHATZ – MEDIEN

Lösen Sie das Kreuzworträtsel.

1 *herunterladen* bezeichnet man auch als ...
2 ein Handy, mit dem man auch im Internet surfen kann
3 wennn jemand regelmäßig schlechte Dinge über eine andere Person im Internet postet
4 ein Smiley, den man z. B. in Chatrooms findet
5 Abkürzung für *Short Message Service*
6 jemand, der die Daten von Firmen oder Privatpersonen stiehlt
7 Das Internet besteht aus einer Milliarde davon.
8 ein Telefon, das man nur zu Hause benutzen kann
9 ein Code, mit dem man z. B. Zugang zu Webseiten bekommt

Lösungswort:

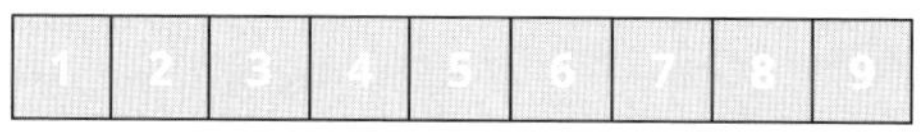

2 DOPPELKONJUNKTIONEN – DAS LEBEN IN EINER WOHNGEMEINSCHAFT

Ergänzen Sie die Lücken mit einer passenden Doppelkonjunktion.

entweder ... oder | nicht nur ..., sondern auch | sowohl ... als auch | weder ... noch | zwar ..., aber

1 ______ bei Studenten ______ bei anderen jungen Leuten sind WGs sehr beliebt.

2 ______ sehr ordentliche Menschen, ______ ziemliche Chaoten ziehen in WGs.

3 Einige Studenten können, wenn sie von zu Hause ausziehen, ______ spülen ______ ihre Wäsche selbst waschen.

4 Andere können ______ den Staubsauger bedienen, ______ nicht den Staubsaugerbeutel wechseln.

5 ______ alle Mitbewohner finden gemeinsam Lösungen, die das Zusammenleben erleichtern, ______ es gibt Streit in der Wohngemeinschaft.

6 Wenn es Streit gibt, sollten die Mitbewohner ______ Regeln aufstellen ______ Putzpläne schreiben.

7 Auf diese Weise hat man ______ ein friedliches Zusammenleben, ______ eine saubere Wohnung.

3 DOPPELKONJUNKTIONEN – MITBEWOHNERTYPEN

a) Lesen Sie die Sätze und verbinden Sie sie auf sinnvolle Weise mithilfe einer Doppelkonjunktion. Manchmal gibt es mehrere Lösungen.

1 Der Unordentliche verliert ständig seinen Schlüssel. Er sucht immer nach seinem Hamster.

2 Seine Zimmertür ist immer geschlossen. Man kann den Mief* aus seinem Zimmer riechen.

*der Mief, / (ugs.)
= schlechter Geruch

3 Der Unordentliche räumt seine Wäsche nie aus der Maschine. Er spült nie die Teller vom Vortag.

4 Die Partylöwin hört nachts laut Musik. Sie lädt jeden Abend neue Leute in die WG ein.

5 Die Partylöwin studiert. Sie geht nie in die Vorlesung.

6 Die Mitbewohner feiern mit der Partylöwin. Sie müssen mit dem Kissen über dem Kopf schlafen.

b) Beschreiben Sie die folgenden drei Mitbewohnertypen. Verwenden Sie dabei möglichst viele Doppelkonjunktionen.

1 Der Computerspieler:

2 Der WG-Vater:

3 Der Pleitegeier*:

*der Pleitegeier, -
= Person, die nie Geld hat

4 GRAFIK BESCHREIBEN UND INTERPRETIEREN

a) Sehen Sie sich die Grafik an und ergänzen Sie die Grafikbeschreibung.

RAUCHVERHALTEN BEI MÄNNERN UND FRAUEN (IN PROZENT)

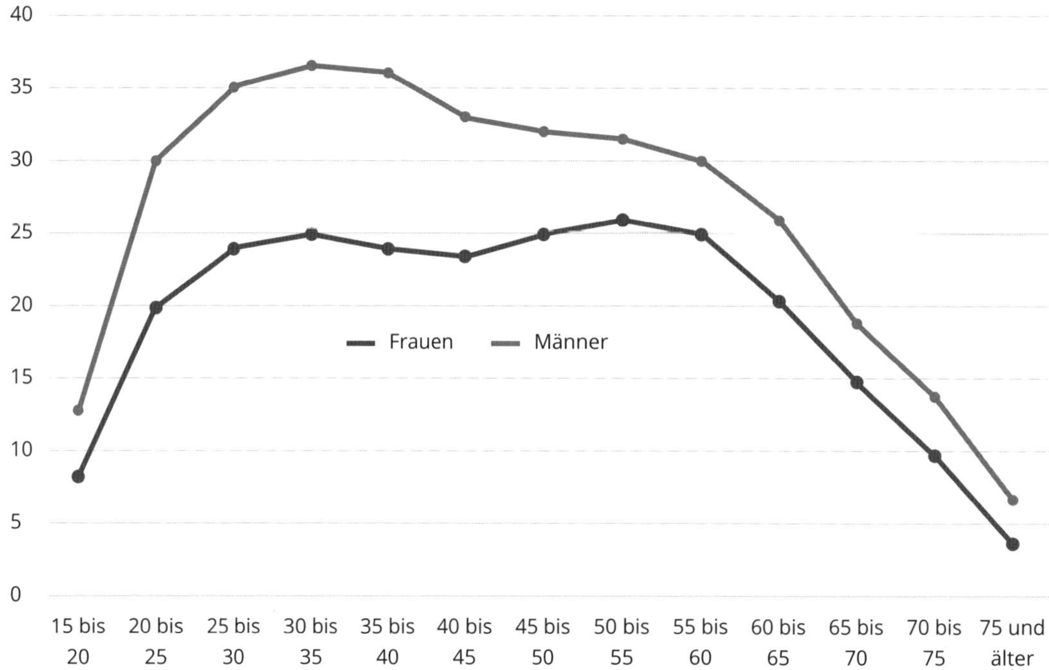

Daten von © Statistisches Bundesamt (Destatis), 2018

1 Die ______ gibt ______ über ______ ______.

2 Sie stammt ______ 2018.

3 Im Allgemeinen gibt es mehr ______ als ______ Raucher.

4 Bei den ______ ist der Anteil der Raucher in der Altersgruppe zwischen ______ am höchsten, er liegt bei ______.

5 ______ Raucherinnen gibt es ______ 50 und 55 Jahren. In dieser Altersgruppe raucht gut ein Fünftel der Frauen.

6 Bei Männern ______ der Anteil an Rauchern ab dem 35. Lebensjahr kontinuierlich.

7 Bei Frauen geht ______ kontinuierlich erst ab dem ______.

b) Interpretieren Sie die Grafik, indem Sie die folgenden Fragen in ganzen Sätzen beantworten.

- Was glauben Sie, warum in Deutschland mehr Männer als Frauen rauchen?
- Wie kann man Höchst- und Tiefstwerte bei Männern und Frauen erklären?
- Warum sinkt die Anzahl der Raucher und Raucherinnen im Alter?

c) Wie hoch ist der Anteil an männlichen und weiblichen Rauchern vermutlich in Ihrer Heimat? Zeichnen Sie Ihre Vermutung als Kurve in das Diagramm.

5 RELATIVSÄTZE MIT PRÄPOSITION

Bilden Sie Relativsätze mit Präposition.

1 Freizeit ist die Zeit, __________ man tun kann, was man will.

2 Freizeitbeschäftigungen sind Dinge, __________ man sich in seiner Freizeit beschäftigt.

3 Die letzte Seite in dieser Zeitung ist die Seite, __________ der Wetterbericht steht.

4 Ein Smartphone ist ein Gerät, __________ man mit seinen Freunden kommunizieren kann.

5 Gestern hat mein Freund per SMS Schluss gemacht, __________ ich gar nicht gerechnet habe.

6 Soziale Medien sind Webseiten, __________ sich vor allem junge Menschen interessieren.

7 Dagegen sind Zeitungen Medien, __________ manche jungen Menschen wenig Interesse haben.

8 Es gibt viele Messen, __________ man sich über Kommunikationsmedien informieren kann.

9 Politik ist etwas, __________ man sich in den Nachrichten informieren kann.

10 Mein Freund hat mir ein Ticket geschenkt, __________ ich mich sehr freue.

6 RELATIVSÄTZE MIT GENITIV

Bilden Sie Relativsätze mit Genitiv.

1 Es gibt Medien, die man zur Kommunikation nutzt, und Medien, __________ Ziel Unterhaltung ist.

2 Da ist der Freund, __________ Profilbild mir so gut gefällt.

3 Eltern, __________ Kinder von morgens bis abends am Handy spielen, machen sich oft Sorgen.

4 Vergiss die Nachrichtenseite, __________ Inhalte mehrere Monate alt sind! Sie ist nicht aktuell.

5 Ein Account, __________ Passwort „Passwort" ist, ist nicht sicher.

6 Menschen, __________ einziges Hobby Computerspielen ist, haben wenige Freunde im realen Leben.

7 Die Firma, __________ Userdaten gestohlen wurden, erleidet einen Shitstorm im Netz.

8 Die User, __________ persönliche Daten gestohlen wurden, sind sehr verärgert.

9 Eine Person, auf __________ Computer man illegale Downloads findet, wird bestraft.

10 Die Polizei verhaftet den Mann, von __________ privatem Computer Passwörter gehackt wurden.

7 RELATIVSÄTZE – WER IST DAS?

a) Wer war Albert Einstein? Ergänzen Sie Relativsätze. Es gibt mehrere Lösungen.

Albert Einstein war der Mann, …

geboren in Ulm

Relativitätstheorie

gestorben in Princeton

$E = mc^2$

1879-1955

Nobelpreis

theoretischer Physiker

Genie

b) Beschreiben Sie die Personen mit Relativsätzen.

Wer ist Joanne K. Rowling? – Joanne K. Rowling ist die Frau, ...

1 (Sie hat den bekannten Zauberer Harry Potter erfunden.)

2 (Früher hat sie von Sozialhilfe gelebt.)

3 (Ihre Romane machten sie reich.)

4 (Fast jedes Kind auf der Welt kennt sie heute.)

Wer war Romy Schneider? – Romy Schneider war die Frau, ...

5 (Sie wurde bekannt durch ihre Rolle als Sissi.)

6 (Über ihren Tod wurde in der Presse berichtet.)

7 (Sie gilt als Legende der Filmgeschichte.)

8 (Ihr Image wandelte sich im Laufe ihrer Karriere.)

Wer war Elvis Presley? – Elvis Presley war der Mann, ...

9 (Seinen Fans war er als King of Rock 'n' Roll bekannt.)

10 (Er spielte auch als Schauspieler in vielen Filmen.)

11 (Seit seinem Tod 1977 spricht man von ihm als Musik-Legende.)

Wer war George Best? – George Best war der Mann, ...

12 (Er hat zwischen 1963 und 1974 für Manchester United gespielt.)

13 (Insgesamt erzielte er 178 Tore für den Verein.)

14 (Seine Alkohol- und Drogenprobleme waren allgemein bekannt.)

15 (Trotzdem liebten ihn seine Fans.)

c) Spielen Sie ein Ratespiel in Gruppen. Jede Teilnehmerin / Jeder Teilnehmer denkt sich eine berühmte Person aus und beschreibt sie mit Relativsätzen. Pro Runde sagen alle einen Satz über ihre Person. Die anderen raten, um wen es sich handelt. Wer die meisten Personen erraten kann, hat gewonnen.

- ♦ Ich bin der Mann, der 2009 gestorben ist. Wer bin ich? –
  Ich bin der Mann, dessen Lieder man weltweit kennt. Wer bin ich? –
  Ich bin der Mann, den alle um seinen Moonwalk beneiden. Wer bin ich?
- ■ Bist du Micheal Jackson?
- ♦ Ja genau, der bin ich!

8 PRÄPOSITIONEN MIT GENITIV

a) Ergänzen Sie die passenden Präpositionen. Manchmal gibt es mehrere Lösungen.

anstelle | aufgrund | außerhalb | infolge | innerhalb | statt | trotz | während | wegen

1 ______ der Stadt darf man 100 km/h fahren.
2 ______ des Nebels war die Sicht schlecht.
3 ______ des Regens gehen wir spazieren.
4 ______ des hohen Preises kaufen wir den Fernseher nicht.
5 ______ der Nudeln möchte ich bitte Reis.
6 ______ der Ferien arbeiten und lernen wir nicht.
7 ______ dieses Gebäudes darf man nicht rauchen.
8 ______ des Ferienbeginns gibt es viele Staus.
9 ______ seiner Krankheit müssen wir den Termin absagen.

b) Ergänzen Sie die Präpositionen aus a) und die Artikel.

1 Jeden Morgen liest er ___ Zeitung ______ ___ Frühstücks.
2 ______ sein___ schlechten Gesundheit arbeitet er viel.
3 ______ ___ 15-jährigen Dienstjubiläums überreichte ihm ___ Chef ___ Firma ___ Armbanduhr.
4 ______ ___ Sprechzeiten vergeben wir leider keine Termine.
5 ______ ___ Konzerts klingelte plötzlich ___ Handy.
6 ___ Straße ist ______ ___ Brückenarbeiten gesperrt.
7 Hunde dürfen ______ ___ Parks frei laufen.
8 Die Zugführer streiken. Ich nehme ___ Bus ______ ___ Zuges.
9 ___ Büro ist ______ ___ Sommerferien geschlossen.
10 Er hat ______ ___ ganzen Fahrt kein Wort gesagt.
11 ______ ___ Einbruchs in sein Haus schließt er nachts ___ Tür nicht ab.
12 Der Lehrer ist krank. ______ ___ Unterrichts bekommen wir viele Hausaufgaben.

9 PRÄPOSITIONEN MIT GENITIV UND MEHR – NEUE MITBEWOHNERIN

a) Martin erzählt von seiner neuen Mitbewohnerin. Ergänzen Sie Endungen, wenn nötig, und die Verben in einer passenden Vergangenheitsform.

(1) Unser ___ früher ___ Mitbewohnerin Rebekka ___ uns vor zwei Monaten ___, dass sie ausziehen möchte (sagen). (2) Mithilfe d___ Internet___ ___ wir uns dann auf die Suche nach einer neuen Mitbewohnerin oder einem neuen Mitbewohner ___ (machen). (3) Ob ein Mann oder eine Frau bei uns einzieht, ___ uns egal (sein). Nur nett sollte er oder sie sein. (4) Während d___ Semesterferien___ ___ Maria sich bei uns ___ (vorstellen). (5) Weil sie so aufgeregt ___ (sein), ___ Maria noch eine Freundin mit zur Besichtigung ___ (bringen). (6) Wir ___ ihre Freundin auch gleich total nett (finden). (7) Trotz d___ hoh___ Miete___ ___ Maria das Zimmer ___ (nehmen). Das fand ich super! (8) Statt unser___ ehemalig___ Mitbewohnerin Rebekka wohnt jetzt Maria bei uns.

b) Bilden Sie aus den angegebenen Wörtern Sätze. Ergänzen Sie Artikel, Endungen und Satzzeichen und achten Sie auf ein passendes Tempus.

1 sich kümmern // ausziehen wollen: während d__ letzt__ Semesterferien / Maria / um d__ Zimmersuche // von zu Hause / weil / sie / endlich

2 sich entscheiden // finden: trotz d__ hoh__ Kosten__ / sie / für dies__ WG // sie / denn / d__ hell__ Zimmer / schön

3 liegen // stören: zwar / etwas außerhalb d__ Zentrum__ / d__ Wohnung // das / Maria / aber / nicht

4 umarmen: statt ein__ Händedruck__ / d__ neu__ Mitbewohner / sofort / Maria

5 vermissen: wegen ihr__ neu__ Freunde / Maria / kaum / ihr__ Eltern

10 JE ..., DESTO – GUTE VORSÄTZE

a) Lesen Sie die Infobox und überlegen Sie, welche guten Vorsätze viele Menschen für das neue Jahr fassen. Sammeln Sie Ideen im Kurs.

> **der Vorsatz, ¨e**
> Vor allem zum Jahreswechsel fassen viele Menschen gute Vorsätze, d. h. sie nehmen sich fest vor, etwas in ihrem Leben zu ändern. Viele haben zum Beispiel den Plan, im neuen Jahr mit dem Rauchen aufzuhören.

b) Lesen Sie den Text einmal global, d. h. schnell. Welche Ihrer Ideen aus a) werden im Text genannt?

Es ist Mitte Januar und Katrin M. (33) ist frustriert, wie jedes Jahr um diese Zeit. Keinen der guten Vorsätze, die sie sich für das neue Jahr vorgenommen hatte, hat sie umsetzen können. Wie viele andere Menschen hatte Katrin in der Silvesternacht den Plan, ihr Leben zu verbessern. Katrin nahm sich vor, gesünder ins neue Jahr zu starten. Sie wollte mehr Sport treiben und weniger rauchen, um wieder besser Luft zu bekommen. Außerdem wollte sie weniger fette Speisen essen, um abzunehmen. Auch fand sie, dass sie im letzten Jahr zu viel gearbeitet hatte. Deshalb nahm sie sich vor, den Arbeitsstress zu minimieren, um wieder mehr Zeit für ihren Partner zu haben.

Doch es kam wie jedes Jahr. Nach ihrem Weihnachtsurlaub stapelte sich die Arbeit auf ihrem Schreibtisch, sie hatte mehr Stress im Job als je zuvor. Bald kehrte sie zu alten Gewohnheiten zurück. In der Mittagspause aß sie schnell am Imbiss eine Currywurst mit Pommes, weil sie keine Zeit hatte, sich einen Salat zu machen. Die Zigarette mit den Kollegen schmeckte im neuen Jahr auch wieder besonders gut. Und für Sport fand sie keine Zeit, denn am Abend war sie müde und außerdem lief ihre Lieblingsserie im Fernsehen.

Doch warum scheitern die meisten guten Vorsätze bereits kurz nach Silvester? Glücksforscher Luke Wüstenberg erklärt das so: „Je mehr gute Vorsätze Menschen fassen, desto wahrscheinlicher ist es, dass sie scheitern. Es ist besser, sich auf nur einen guten Vorsatz zu konzentrieren. Wenn man einen Vorsatz erfolgreich umgesetzt hat, kann man für Februar gleich den nächsten Vorsatz fassen."

Katrin hat die Hoffnung, ihre Vorsätze umzusetzen, noch nicht aufgegeben. Bald kommt die Fastenzeit. In den 40 Tagen von Karneval bis Ostern verzichten viele Menschen auf schlechte Gewohnheiten. Katrin hat sich für diese Zeit erneut vorgenommen, mit dem Rauchen aufzuhören.

c) Richtig oder falsch? Kreuzen Sie an.

R	F	1	Katrin hat im neuen Jahr Vorsätze gefasst.
R	F	2	Katrin wollte das neue Jahr gesünder beginnen.
R	F	3	Nach ihrem Weihnachtsurlaub hatte sie viel Arbeit.
R	F	4	In der Mittagspause hat sie keine Zeit, einen Salat zu essen.
R	F	5	Sie hat im neuen Jahr viel Sport gemacht.
R	F	6	Viele Menschen konzentrieren sich auf einen Vorsatz.
R	F	7	Es ist besser, nur einen Vorsatz zu fassen.
R	F	8	Katrin hat alle Vorsätze umgesetzt.
R	F	9	Die Fastenzeit dauert 40 Tage.
R	F	10	In der Fastenzeit will Katrin mit dem Rauchen aufhören.

d) Welchen Effekt erhofft sich Katrin durch ihre guten Vorsätze? Bilden Sie Sätze mit *je..., desto/umso*. Vergessen Sie nicht das Komma.

1 Je ______ Sport sie treibt und je ______ sie raucht, desto besser bekommt sie Luft.

2 Je ______ fettes Essen ______

3 Je ______ Stress sie im Job ______

4 Je ______ sie am Abend ______

e) Bilden Sie generelle Sätze mit *je..., desto/umso* und *man*.

1 viel Wasser trinken → schöne Haut haben

2 langsam essen → wenig essen

3 wenig arbeiten → viel Freizeit haben

4 wenig Stress haben → lang leben

f) Drehen Sie nun die Sätze aus e) ins Gegenteil.

1 Je weniger Wasser man trinkt, desto

2

3

4

g) Was hat einen positiven oder negativen Effekt auf Ihr Leben? Schreiben Sie eigene Sätze mit den vorgegebenen Stichwörtern.

Deutsch sprechen | Fahrrad fahren | Pizza essen | tanzen gehen | Wein trinken

Je weniger ich lerne, umso ...

11 SMARTPHONE-VERBOT AN SCHULEN

a) Sprechen Sie zu zweit. Beschreiben Sie die Situation auf dem Bild. Welche Schwierigkeiten könnte es geben? Welche Lösungen können Sie sich dafür vorstellen?

b) Sie hören gleich eine Podiumsdiskussion aus einem Gymnasium in Stuttgart. Dort diskutieren folgende Personen über ein mögliches Smartphone-Verbot an der Schule:

- die Schulrektorin Frau Gottschick (R)
- der Lehrervertreter Herr Hahn (L)
- der Elternvertreter Herr Fink (E)
- die Schülervertreterin Mirjam Zehe (S)

Lesen Sie die folgenden Aussagen aus der Diskussion und überlegen Sie, wer diese Aussagen machen wird. Tragen Sie den passenden Buchstaben (*R*, *L*, *E* oder *S*) in die Spalte *Vermutung* ein. Begründen Sie Ihre Vermutung. Welche Meinung können Sie am besten verstehen?

	Vermutung	Hörtext
„Wir müssen von Eltern und Schülern erwarten können, dass sie sich organisieren."		
„Schüler sind oft abgelenkt, unter anderem auch, weil sie neue Nachrichten bekommen."		
„Ein Verbot ist doch total rückschrittlich. Es gehört zum Alltag von uns allen, dass man ein Smartphone benutzt."		
„Die Unterrichtszeit und -qualität dürfen nicht unter dem Smartphone leiden."		

c) Hören Sie nun den Text und überprüfen oder korrigieren Sie Ihre Vermutungen in b) in der Spalte *Hörtext*.

d) Hören Sie den Text noch einmal und bearbeiten Sie die Aufgaben.

1 Richtig oder falsch? Kreuzen Sie an.

R	F	1	Die Lehrer hatten die Idee, ein Smartphone-Verbot einzuführen.
R	F	2	Die Unterrichtsqualität ist schlechter, weil sich die Lehrer ärgern.
R	F	3	Bei den Eltern gibt es verschiedene Meinungen zu dem Verbot.
R	F	4	Trotz der Handys sind die Schüler aufmerksam im Unterricht.
R	F	5	Die Schüler schauen aus Gewohnheit in kurzen Abständen auf ihr Smartphone.
R	F	6	Wenn die Ablenkung nur wenige Sekunden dauert, stört es das Lernen nicht.
R	F	7	Die Schulzeit ohne mobile Erreichbarkeit beunruhigt auch viele Eltern.
R	F	8	Für die Rektorin ist es Aufgabe der Schule, dass die Schüler Pünktlichkeit lernen.
R	F	9	Über 50 % der Schüler haben nur noch ein Mobiltelefon zum Telefonieren.
R	F	10	Viele Eltern wollen, dass die Lehrer das Smartphone zukünftig in den Unterricht einbinden.
R	F	11	Die Schüler haben gute Ideen, wie das Smartphone-Verbot organisiert werden könnte.
R	F	12	Dieses Gymnasium wäre die erste Schule in Deutschland mit einem Smartphone-Verbot.

2 Ergänzen Sie die Tabellen mit Wörtern aus der Diskussion. Arbeiten Sie ohne Hilfsmittel und vergleichen Sie Ihre Lösung nach dem Hören zuerst zu zweit und dann im Kurs. Ergänzen Sie gemeinsam den Plural der Nomen.

Artikel + Nomen	Verb (+ Präposition)
	verbieten
	(be)strafen
die Ablenkung	
	sich auswirken auf
	etwas leisten
die Hilfe	
	sich sorgen um
	sich vorbereiten auf
	sich entwickeln
die Veränderung	
die Ablehnung	
die Bewertung	
	umgehen mit
	gefährden
	lösen

Wort	Gegenteil (gleiche Wortart)
verbieten	
fortschrittlich	
gewinnen	
pünktlich kommen	
zunehmen	
dagegen sein	
sinnlos	
modern	

e) Arbeiten Sie in Kleingruppen. Sie sitzen im Publikum. Wählen Sie eine Rolle (Lehrer/Lehrerin, Eltern, Schüler/Schülerin, evtl. Rektorin) und formulieren Sie eine Frage, die Sie nach der Pause stellen würden, oder eine Meinung, die Sie nach der Pause äußern würden. Benutzen Sie mindestens ein Wort aus d). Lesen Sie Ihre Fragen oder Meinungen anschließend im Kurs vor und diskutieren Sie darüber.

f) Gibt es in Ihrer Heimat an Schulen oder Universitäten Regeln zur Smartphone-Nutzung während des Unterrichts? Was denken Sie darüber und wie funktioniert das genau? Sprechen Sie in der Gruppe.

12 RELATIVSÄTZE

Ergänzen Sie passende Relativpronomen und Präpositionen, wenn nötig.

1 Die Stadt, ____ viele Studenten leben, heißt Münster.

2 In Syrien, ____ ich komme, gibt es leckeres Essen.

3 Alles, ____ er anfängt, bringt er auch zu Ende.

4 Wir haben schon viel gelernt, ____ wir für das Studium brauchen.

5 Italien, ____ meine nächste Reise geht, ist mein absolutes Lieblingsland.

6 Die Straße, ____ sie wohnen, heißt Schlossallee.

7 Die Reise nach Paris war das Schönste, ________ ich in diesem Jahr erlebt habe.

8 Das Land, ________ meine Familie lebt, ist China.

9 Das, ________ die Lehrerin spricht, ist hochinteressant.

10 Ich habe leider einiges, ________ ich gelernt habe, wieder vergessen.

11 Mit dem, ________ du vorhast, bin ich nicht einverstanden.

13 DIGITAL DETOX – ENTZUG VON DIGITALEN MEDIEN

a) Ergänzen Sie das Relativpronomen und die Präposition, wenn nötig (ein Wort pro Lücke).

1 Es wurde ein Experiment durchgeführt, ________ ________ die Teilnehmer eine Woche lang auf ihr Smartphone verzichten mussten.

2 Die Personen, ________ an dem Experiment teilgenommen haben, waren Studenten.

3 Viele Teilnehmer zeigten Symptome, ________ man sonst nur bei einem Drogenentzug begegnet.

4 Einige Teilnehmer, ________ Smartphone-Sucht sehr stark war, entwickelten Panikattacken.

5 Sie litten unter starken Angstgefühlen und innerer Unruhe, ________ ihnen große Sorgen machte.

6 Andere haben die Zeit, ________ ________ sie keine digitalen Medien benutzten, jedoch als sehr positiv empfunden.

7 Für sie war die Zeit, ________ sie ohne Smartphone & Co. verbrachten, sehr entspannend.

8 Mittlerweile gibt es sogar Hotels, ________ die Nutzung von Smartphones verboten ist.

9 Die Alpen, ________ besonders viele Digital-Detox-Urlauber reisen, überzeugen durch ihre schöne Landschaft und gute Luft.

10 Digital Detox, ________ auf Deutsch digitale Entgiftung bedeutet, wird immer beliebter.

11 Diese digitale Entgiftung bezieht sich auf einen Zeitraum, ________ ________ jemand freiwillig auf die Verwendung digitaler Geräte verzichtet.

12 Wer weiß aber, ob es sich dabei nur um eine Mode handelt, ________ bald vorbei ist, oder ein Phänomen, ________ ________ die Menschen auch in den kommenden Jahren noch sprechen?

b) Medienkonsum und digitale Entgiftung – Immer mehr Menschen leiden unter dem häufigen Medienkonsum in ihrem Alltag. Deshalb entscheiden sie sich freiwillig, für eine bestimmte Zeit auf digitale Medien wie Smartphone oder Computer zu verzichten. Diesen Trend nennt man digitale Entgiftung. Welche Vor- und Nachteile kann so ein Medienverzicht bringen? Unter welchen Bedingungen ist das sinnvoll, wann eher nicht? Haben Sie selbst Erfahrungen mit Medienverzicht oder können Sie sich vorstellen, für einen bestimmten Zeitraum auf Medien zu verzichten? Schreiben Sie einen Text zu diesem Thema und begründen Sie Ihre Meinung.

1 FAMILIENMITGLIEDER

a) Stefanie Wilhelms stellt ihre Familie vor. Lesen Sie den Text und ergänzen Sie die Lücken mit den Wörtern.

Bruder | Cousin | Ehe | Ehemann | Einzelkind | Eltern | Enkelkinder | Freundin | Geschwister | Kinder | Mutter | Onkel | Schwägerin | Schwester | Single | Sohn | Tante | Vater | verheiratet | verwitwet

Ich heiße Stefanie Wilhelms und bin 10 Jahre alt. Mein jüngerer _______ (1) Bastian ist 7 Jahre alt, meine ältere _______ (2) Kira ist 12. Kira sagt, sie ist meine große Schwester, dabei bin ich genauso groß wie sie. Meine _______ (3) Sonja und mein _______ (4) Peter sind seit 15 Jahren _______ (5). Papa hat eine ältere Schwester, meine _______ (6) Luise. Luise und ihr _______ (7) Bernd haben einen _______ (8), Benedikt. Benedikt ist mein _______ (9). Er hat keine Geschwister, er ist _______ (10). Mein Vater versteht sich gut mit seiner Schwester, aber meine Mutter und ihre _______ (11) haben oft Streit. Mama ist nicht mit den Erziehungsmethoden von Luise einverstanden. Benedikt weint oft, weil seine Eltern sehr streng und autoritär sind. Sie werden wütend, wenn er schlechte Noten nach Hause bringt. Oder sie sprechen tagelang kein Wort mit ihm. Letztens hat Benedikt mir erzählt, dass seinem Vater ab und zu sogar die Hand ausrutscht. Meine Mama findet das schrecklich, sie findet, dass Kinder ohne Gewalt erzogen werden sollen. Mama hat auch einen Bruder, Torsten. Er lebt alleine, er ist _______ (12). Vor ein paar Jahren hatte mein _______ (13) Torsten eine Freundin _______ (14), Anna. Doch die beiden haben sich getrennt. Anna wollte Nachwuchs, mein Onkel ist ohne _______ (15) glücklich. Papas _______ (16) heißen Friedrich und Mathilde, beziehungsweise hießen. Mein Opa ist vor drei Monaten gestorben. Das war schrecklich traurig. Nun lebt meine Großmutter alleine, sie ist _______ (17). Mamas Eltern, Hugo und Helene, führen seit 59 Jahren eine glückliche _______ (18). Sie haben zwei Kinder, Mama und Torsten, und drei _______ (19), mich und meine beiden _______ (20). Im nächsten Jahr feiern wir ihre goldene Hochzeit, das wird ein Fest!

b) Ergänzen Sie die Namen im Stammbaum von Familie Wilhelms.

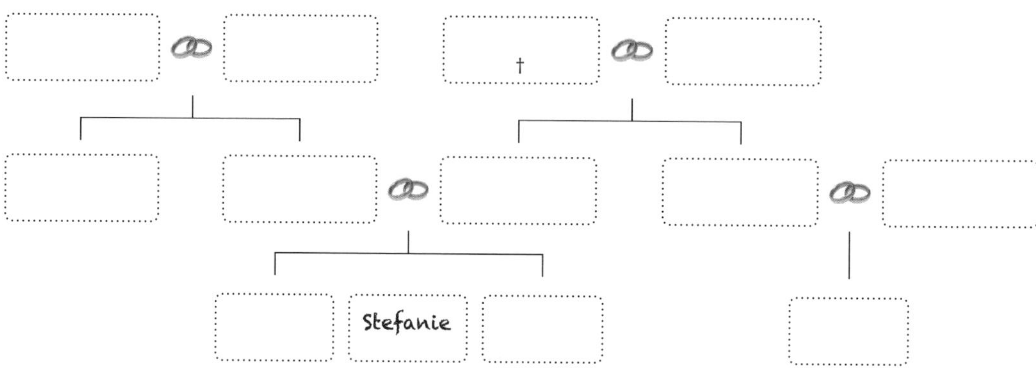

2 PARTIZIP II – SCHWIERIGER START

Ergänzen Sie die Verben im Partizip II.

Letztes Wochenende hat mich meine Schwester _____ (1) (besuchen). Ich hatte sie nicht mehr _____ (2), seit ich nach Deutschland _____ (3) bin (sehen, reisen). Am Freitagnachmittag ist sie pünktlich am Flughafen _____ (4) (landen). Doch als ich sie abholen wollte, gab es zunächst ein Problem: Der Koffer war _____ (5) (verschwinden)! Wir sind erst einmal total _____ (6), und dann haben wir uns _____ (7), was man in so einer Situation machen muss (erschrecken, informieren). Eine Flughafenmitarbeiterin hat uns _____ (8) und uns _____ (9), zum Lost-and-Found-Schalter zu gehen, den wir nach einigem Suchen auch _____ (10) haben (helfen, empfehlen, finden). Dort haben wir den Gepäckverlust _____ (11) (reklamieren). Das hat allerdings fast eine Stunde _____ (12), was uns natürlich nicht _____ (13) hat (dauern, gefallen). Kurz, bevor wir den Flughafen _____ (14) haben, hat ein Mitarbeiter uns aber doch noch _____ (15) (verlassen, aufhalten). Er hat sich _____ (16) und _____ (17), dass der Koffer gerade _____ (18) worden war (entschuldigen, erklären, wiederfinden). Natürlich haben wir uns _____ (19), allerdings ist noch einmal eine halbe Ewigkeit _____ (20), bis wir den Koffer endlich _____ (21) haben (freuen, vergehen, bekommen). Mit über zwei Stunden Verspätung haben wir den Flughafen schließlich _____ (22) und sind in meine Wohnung _____ (23) (verlassen, fahren).

3 ADJEKTIVDEKLINATION – CHARAKTERE AUS FILM UND LITERATUR

a) Ordnen Sie die Charaktere den Bildern zu. Recherchieren Sie im Internet, wenn Sie sie nicht kennen.

A Harry Potter
B James Bond
C Darth Vader
D Pippi Langstrumpf
E Dracula

1	2	3	4	5

b) Sprechen Sie zu zweit. Beschreiben Sie die Charaktere aus a) mit den Adjektiven. Schlagen Sie die Adjektive, die Sie nicht kennen, im Wörterbuch nach. Sie können auch andere Adjektive verwenden.

abenteuerlustig | arrogant | attraktiv | aufgeweckt | bedrohlich | charmant | clever | ehrgeizig | elegant | faul | feige | fleißig | frech | friedlich | furchtlos | gefährlich | geheimnisvoll | gemein | hinterlistig | hochbegabt | intelligent | introvertiert | kontaktfreudig | leise | lustig | merkwürdig | mutig | nachtaktiv | natürlich | neidisch | passiv | ruhig | sportlich | stark | stilvoll | sympathisch | ungehorsam | unheimlich | unsympathisch | vorsichtig

c) Lesen Sie nun die Texte zu den Charakteren aus a) und ergänzen Sie die Endungen, wenn nötig. Machen Sie einen Strich, wenn die Lücke leer bleibt (/).

1 Harry Potter ist d___ berühmt___ Zauberer aus d___ gleichnamig___ Buchreihe d___ britisch___ Erfolgsautorin Joanne K. Rowling. Zu sein___ Markenzeichen zählen sein___ schwarz___ Haare, sein___ grün___ Augen, sein___ Nickelbrille und natürlich sein___ markant___ Narbe, die wie ein Blitz aussieht. Nachdem sein___ berühmt___ Zauberereltern im Kampf gegen d___ gefürchtet___ Zauberer Voldemort ums Leben gekommen sind, lebt der verwaist___ Harry bei den Dursleys, sein___ einzig___ noch lebend___ Verwandten. Bei d___ Dursleys führt er ein___ trostlos___ Leben, bis er eines Tages an ein___ der bedeutendst___ Schulen für Hexerei und Zauberei kommt.

2 James Bond ist der von Ian Fleming erfunden___ Geheimagent 007. Der abenteuerlustig___ Brite mit Charme ist stets ein wahr___ Gentleman: zuvorkommend___, charmant___ und hilfsbereit___. Er kämpft gegen dunkl___ Machenschaften und behält dabei immer ein___ kühl___ Kopf. D___ attraktiv___ Alleskönner lässt manch___ Frauenherz höherschlagen.

3 Darth Vader – bekannt aus d___ beliebt___ Filmreihe *Star Wars* – kämpft für d___ dunkl___ Seite der Macht. Aufgrund schwer___ Verletzungen trägt er permanent___ ein___ schwarz___ Maske und ein___ schwer___ Rüstung, die ihm ein___ bedrohlich___ Aussehen verleihen. Durch d___ Maske wird er mit wichtig___ Sauerstoff versorgt. Sein___ unheimlich___ Atemgeräusche versetzen jeden Gegner in Angst und Schrecken.

4 Pippi Langstrumpf ist ein___ stark___, clever___ und frech___ Mädchen, das ohne sei___ Eltern in ein___ bunt___ Villa wohnt. Sie hat viel___ rot___ Sommersprossen i___ Gesicht. Ihr___ rot___ Haar trägt sie zu zwei abstehend___ Zöpfen geflochten. Pippi lebt mit ein___ klein___, zahm___ Affen und ein___ gepunktet___ Pferd zusammen. Ihr___ best___ Freunde sind d___ abenteuerlustig___ Tommy und sein___ vorsichtig___ Schwester Annika.

5 Dracula ist der berühmt___ Vampir aus d___ unheimlich___ Land Transsylvanien. Als Vampir hat er ein___ äußerst___ ungewöhnlich___ Ernährungsgewohnheit: Er trinkt d___ frisch___ Blut von Menschen. Nachts, wenn d___ meist___ Menschen friedlich___ schlafen, betritt Dracula durch

geöffnet ___ Fenster oder Türen die Schlafzimmer sein ___ Opfer und nimmt sein ___ schaurig ___ Mahlzeit ein. Trotz d ___ sehr ___ einseitig ___ Ernährung ist Dracula bereits sehr alt ___ (über 500 Jahre). Tagsüber schläft d ___ nachtaktiv ___ Vampir in einem versteckt ___ Sarg, denn d ___ hell ___ Strahlen d ___ Sonne können ihn zu feinst ___ Staub zerfallen lassen, das heißt, hell ___ Sonnenlicht ist für ihn tödlich ___. Gegen den unwillkommen ___ Besuch d ___ hinterlistig ___ Vampirs helfen Kreuze all ___ Art und frisch ___ Knoblauch.

4 ENDUNGEN – WÜRDEN SIE ...? JA KLAR!

Ergänzen Sie die fehlenden Endungen. Manche Lücken bleiben leer (/).

Es gibt eine Frage, bei der bei Paaren mit Kindern oft ganz ___ (1) heiß ___ (2) Diskussionen entstehen: Was ist, wenn die berufstätig ___ (3) Frau plötzlich ___ (4) befördert werden soll und mehr Geld verdient als ihr ebenfalls berufstätig ___ (5) Partner? Außerordentlich ___ (6) schwierig ___ (7) wird es, wenn die Familie dafür auch noch den Wohnort wechseln soll. Die meist ___ (8) Männer reagieren in solch ___ (9) Fällen ziemlich ___ (10) ablehnend ___ (11), wie mehrer ___ (12) international ___ (13) Studien zeigen. Dabei ist interessant ___ (14), dass es zwar eine theoretisch ___ (15) Bereitschaft bei Männern gibt, für die beruflich ___ (16) Weiterentwicklung ihrer Partnerin persönlich ___ (17) Nachteile zu akzeptieren. Manche würden sich auch viel ___ (18) mehr ___ (19) um die Kinder kümmern, sagen sie. Aber diese positiv ___ (20) Einstellung zeigten die befragt ___ (21) Männer nur im Konjunktiv: Würden Sie ...? Wenn ein solcher für die Frau äußerst ___ (22) positiv ___ (23) Fall aber tatsächlich ___ (24) eintritt, vergessen manch ___ (25) Männer ihre zuvor geäußert ___ (26) Toleranz ganz ___ (27) schnell ___ (28) wieder.

1 PARTIZIP I

Ergänzen Sie die Partizipien I der Verben in Klammern.

1 Nebenan wird gebaut. Der Lärm ist sehr störend (stören).

2 Ich muss für die Prüfung lernen, kann mich bei den Geräuschen aber gar nicht konzentrieren. Das ist ______ (deprimieren)!

3 Ich könnte in der Bibliothek lernen. Aber es ist mir zu ______, alle Bücher dorthin zu transportieren (anstrengen).

4 Der Abend war sehr lustig. Sie gehen ______ (lachen) nach Hause.

5 Er sieht mich ______ an (schweigen).

6 Tee mit ______ heißem Wasser (100 °C) übergießen und 5 Minuten ziehen lassen (kochen).

2 PARTIZIP I UND II – FRÜHSTÜCK IST FERTIG

a) Ergänzen Sie die Partizipien I der Verben in Klammern mit der passenden Endung.

1 Gerne betritt man eine nach Frühstück duftende Küche (duften).

2 Eine Tasse ______ Kaffee gehört zu einem guten Frühstück (dampfen).

3 Andere bevorzugen Tee, den sie mit ______ Wasser übergießen (kochen).

4 Nicht wenige mögen auch in Milch ______ Müsli (schwimmen).

5 Zeitung ______ Eltern wollen am Frühstückstisch nicht gestört werden (lesen).

6 Kein Kind mag ______ Eltern, also stören sie ihre ______ Eltern nicht (schimpfen, lesen).

7 Ein mehrere Stunden ______, spätes Frühstück bezeichnet man als Brunch (dauern).

8 Solche meist an Wochenenden ______ Brunchs sind sehr beliebt (stattfinden).

b) Ergänzen Sie die Partizipien II der Verben in Klammern mit der passenden Endung.

1 Besonders schön ist es, wenn man beim Frühstück durch das geöffnete Fenster die Vögel zwitschern hören kann (öffnen).

2 Zu einem typisch deutschen Frühstück gehören frisch ______ Brötchen (backen).

3 Und ein Glas frisch ______ Orangensaft darf nicht fehlen (pressen).

4 Gut schmeckt vielen Deutschen selbst ______ Marmelade (machen).

5 Und dünn ______ Schinken steht immer auf dem Tisch (schneiden).

6 Außerdem ist ein hart oder weich ______ Ei eine feine Sache (kochen).

7 In manchen Familien ist das ______ Smartphone beim Essen verboten (einschalten).

8 Bei einem Brunch trinkt man auch gerne ein Glas gut ______ Sekt (kühlen).

3 PARTIZIP I VS. PARTIZIP II – MAIL VON DER CHEFIN

Ergänzen Sie Partizip I oder Partizip II der Verben in Klammern mit der passenden Endung.

Von: chefin@werbe-agency.de
Betreff: Bitte schnell
An: j.winkler@werbe-agency.de

Antworten | Weiterleiten | Löschen

(1) Sehr ________ Herr Winkler (ehren),

da ich heute spontan zu einem Termin nach NY musste, anbei einige kleine Aufgaben per Mail:
(2) Könnten Sie bitte die ________ Kaffeetassen von meinem Schreibtisch in die Küche räumen (benutzen)? (3) Und werfen Sie bitte den übrig ________ Kuchen in den Müll – er war ungenießbar (bleiben)! (4) Achten Sie aber darauf, dass die im Nebenraum ________ Kollegin das nicht mitbekommt, sie hat den Kuchen nämlich für mich gebacken (arbeiten)! (5) Könnten Sie außerdem die ________ Blumen vom Fensterbrett entsorgen (verwelken)? (6) Die noch ________ Rosen von gestern lassen Sie aber bitte noch stehen, die waren von der Neuen aus der Grafikabteilung (blühen)!
(7) Bitte schicken Sie außerdem die Weihnachtskarten an meine Ex-Männer und wünschen Sie ihnen alles Gute für das ________ Jahr (kommen). (8) Natürlich brauche ich auch dringend ein individuelles, mit Liebe ________ Weihnachtsgeschenk für meinen aktuellen Ehemann, schließlich muss man sich um seine ________ Beziehung ja auch kümmern (aussuchen, bestehen)! (9) Dann müssten Sie noch die ________ Silvesterparty organisieren (bevorstehen): (10) Holen Sie die bereits ________ Getränke vom Großhandel ab und kaufen Sie bitte ________ Fingerfood – das hält sich bis zum 31.12. (bestellen, frieren). (11) Ach ja, in meinem Büro steht außerdem noch die Kiste mit fertig ________ Einladungen, versenden Sie die doch bitte an alle Kolleginnen und Kollegen (drucken)! (12) Dringend brauchen wir auch gute Live-Musik, denn ________ Gäste sind ja ein echtes No-Go auf einer Party von mir (sich langweilen)! (13) Sie finden da sicher eine ________ Band, ich vertraue Ihnen (passen)! Danke für Ihre Mühe, Herr Winkler! (14) Sie sind wirklich der am hübschesten ________, am schönsten ________ und am fleißigsten ________ Assistent, den ich je hatte (sich frisieren, lächeln, arbeiten)! Ich bin wirklich froh über unsere professionelle Zusammenarbeit!

xxx Chefin

4 KINDER BRAUCHEN GRENZEN

a) Sehen Sie sich das Bild und die Überschrift des Textes in b) an. Worum geht es wohl im Text? Welche Grenzen könnten gemeint sein? Formulieren Sie Ihre Vermutungen und Ideen.

In dem Text geht es um ________

____

____

b) Lesen Sie den Text und überprüfen Sie Ihre Vermutung aus a).

KINDER BRAUCHEN GRENZEN – UND LOGISCHE KONSEQUENZEN

„Um zu lernen, was richtig und was falsch ist, welches Verhalten erwünscht und welches unerwünscht ist, aber auch, um das Kind vor Gefahren zu schützen, muss es lernen, dass es klare Grenzen gibt", sagt Erziehungsexpertin Marlene Freudlos, Leiterin der Erziehungsberatungsstelle in Greven bei Münster. „Wenn ein Kind diese Grenzen überschreitet, müssen die Eltern und andere das Kind erziehende Personen, wie Großeltern, Tagesmütter oder Erzieherinnen, diese Grenzen aufzeigen und klare Konsequenzen folgen lassen. Leider können wir immer wieder beobachten, dass die Erziehenden Probleme damit haben, logische Konsequenzen beim Nicht-Einhalten dieser Grenzen zu finden oder durchzusetzen. Die Konsequenz muss mit dem Verhalten der Kinder logisch verbunden sein. Wenn ein Kleinkind etwa mit einem Spielzeug wirft oder schlägt, wäre es eine logische Folge, ihm dieses Spielzeug abzunehmen. Keine logische Folge wäre es, ihm zur Strafe das Abendessen zu streichen. Ich gebe Ihnen zwei weitere Beispiele. Beispiel 1: Lisa (8) und Marie (10) sollen in der Küche den Abwasch erledigen. Nach wenigen Minuten haben die beiden keine Lust mehr und gehen in den Garten zum Spielen. Die Mutter verweigert daraufhin das Kochen des Abendessens. Als ihre Töchter hungrig vom Spielen in die Küche kommen, wundern sie sich, dass es nichts zu essen gibt. Die Mutter erklärt, dass sie keine sauberen Teller und Töpfe hatte und deshalb nicht kochen konnte. Beispiel 2: Jule (4) möchte ihre Zähne nicht putzen. Ihr Vater droht ihr daraufhin, dass es heute kein Eis beim Eismann gibt, weil die Zähne davon kaputtgehen, wenn man sie nicht putzt. Als die Musik des Eiswagens erklingt, bittet Jule ihren Vater mit großen, tränennassen Augen darum, ein Eis kaufen zu dürfen. Der Vater gibt nach und gibt ihr Geld für ein Eis.

c) Ergänzen Sie das Problem und die Konsequenz davon in Stichpunkten.

Beispiel	Verhalten der Kinder	Konsequenz
1		
2		

d) Arbeiten Sie zu zweit. Sprechen Sie über die folgenden Fragen und Anregungen zu den Fallbeispielen aus dem Text und kreuzen Sie an, ob die Erziehungsmethoden der Eltern bei den Kindern eine Verhaltensänderung bewirken (ja) oder nicht (nein).

- Haben die Eltern logische Konsequenzen als Folge des Problems gefunden?
- Haben die Eltern diese Konsequenzen durchgeführt? Falls nein, warum nicht?
- Was haben die Kinder gelernt? Wie könnte sich das Verhalten ändern, oder warum ändert sich das Verhalten vielleicht nicht?

Beispiel	Verhaltensänderung	
1	J	N
2	J	N

5 PARTIZIPIEN ALS ADJEKTIVE

Ergänzen Sie Partizip I und Partizip II in der richtigen Form.

1 Marlene Freudlos berät bei Erziehungsfragen. Die bei Erziehungsfragen ______ Frau Freudlos arbeitet in Greven.

2 Lisa und Marie spielen im Garten. Im Garten ______ Kinder vergessen manchmal die Zeit.

3 Die Mädchen haben nicht gespült. Ohne ______ Geschirr gibt es kein Abendessen.

4 Christoph hat seine Zähne immer geputzt. Bei gut ______ Zähnen ist der Zahnarzt zufrieden.

5 Jule weint und bekommt ein Eis. Der Vater gibt seiner ______ Tochter Geld dafür.

6 Florian isst nicht gut. Er ist ein schlecht ______ Baby.

7 Florians Eltern sind verzweifelt. Die ______ Eltern suchen Hilfe bei der Erziehungsberatung.

8 Die Eltern wollen Florian, der im Hochstuhl sitzt, füttern. Sie wollen den im Hochstuhl ______ Florian füttern.

9 Aber Florian lässt seinen Mund geschlossen. Mit ______ Mund kann er nicht essen.

10 Das Baby lächelt. Ein ______ Baby ist eine große Freude.

11 Dabei hat es den Mund geöffnet. Mit ______ Mund kann es essen.

6 GESCHLECHTERSPEZIFISCHE ERZIEHUNG IM KULTURELLEN VERGLEICH

Arbeiten Sie zu zweit. Führen Sie ein Interview mit Ihrem Partner / Ihrer Partnerin und gehen Sie dabei auf folgende Fragen ein.

- Womit hast du als Kind gern gespielt? Sind das typische Mädchen- oder Jungenspielsachen?
- Haben Jungen und Mädchen in deiner Familie im Haushalt unterschiedliche Aufgaben?
- Gibt es typische Traumberufe von Mädchen und Jungen?
- Was sollte ein kleines Mädchen in deiner Familie nicht tun?
- Was sollte ein Junge nicht tun, weil das „Frauensache" ist?

7 ERZIEHUNG DURCH FREMDE

Nehmen Sie Stellung zur afrikanischen Weisheit „Man braucht ein Dorf, um ein Kind großzuziehen". Was bedeutet das? Sehen Sie das ähnlich? Schreiben Sie einen Text.

8 ADVERSATIVSÄTZE – EIN PAAR VORURTEILE

a) Finden Sie Satzpaare und ordnen Sie zu.

1	Mädchen identifizieren sich mit ihren Müttern.	A	Jungen tragen blau.
2	Eltern kaufen pinke Kleidung für Mädchen.	B	Männer machen Karriere.
3	Jungen spielen mit Autos.	C	Männer sind gute Handwerker.
4	Jungen sind besser in Naturwissenschaften.	D	Für Jungen sind ihre Väter Vorbilder.
5	Frauen arbeiten in sozialen Berufen.	E	Mädchen lernen Sprachen besser.
6	Frauen erziehen die Kinder.	F	Mädchen spielen mit Puppen.

1	2	3	4	5	6

b) Verbinden Sie die Satzpaare aus a) mit *während*, *wogegen* oder *wohingegen*.

1 Mädchen identifizieren sich mit ihren Müttern, wohingegen für Jungen

2

3

4

5

6

9 ADVERSATIVSÄTZE – KINDER BRAUCHEN GRENZEN

Ergänzen Sie die Gegenüberstellungen der Beispiele aus dem Text *Kinder brauchen Grenzen – und logische Konsequenzen* (Aufgabe 4).

1 Während die Mutter in Beispiel 1 eine logische Konsequenz zieht,

2 Der Vater in Beispiel 2 verpasst eine gute Chance zur Erziehung, wohingegen

3 Die Kinder in Beispiel 1 werden wahrscheinlich ihr Verhalten ändern, wogegen

4 Während in Beispiel 1 die Mutter nicht nachgibt,

10 ADJEKTIVE UND PARTIZIPIEN ALS NOMEN

Ergänzen Sie die Nomen zu den Adjektiven und Partizipien in der Tabelle mit der passenden Endung.

	Mann	Frau	Neutrum	Plural
neu	der Neue	die	das	die
böse	ein	eine	etwas	B
anwesend	der	eine	–	die
angestellt	ein	die	–	A

11 NOMINALISIERTE ADJEKTIVE UND PARTIZIPIEN – MÄNNER, FRAUEN, KINDER

Ergänzen Sie die Nomen zu den Adjektiven und Partizipien in Klammern mit der passenden Endung.

1 Auf die Anzeige für ein soziales Jahr haben sich viele ______ gemeldet (freiwillig).

2 Für ______ ist es besonders schwierig, Familie und Beruf unter einen Hut zu bekommen (alleinerziehend).

3 Väter in Elternzeit sind heute nichts ______ mehr (besonders).

4 Auch für ______ mit Kind bieten die meisten Universitäten heute gute Betreuungsmöglichkeiten (studierend).

5 Leihomis sind endlich mal etwas ______ (neu).

6 Ich finde, ______ verdienen viel zu wenig (betreuend).

7 Die meisten Tagesmütter arbeiten als ______ (selbstständig). Sie sind keine ______ (angestellt).

8 Meine Nachbarn sind ein binationales Ehepaar: Sie kommt aus Syrien und er ist ______ (deutsch).

9 Nur die engsten ______ dürfen ein Kind ohne schriftliche Erlaubnis aus dem Kindergarten abholen (angehörig).

10 Sowohl ______ als auch ______ nehmen diese Betreuungsangebote gern an (verheiratet, unverheiratet).

11 Wegen der Kinderbetreuung gibt es oft Diskussionen mit ihrem ______ (vorgesetzt).

12 Die Kita hat heute geschlossen. Ein ______ passt auf meinen Sohn auf (bekannt). Er hat gerade keinen Job und als ______ hat er zum Glück Zeit (arbeitslos).

12 MÖGLICHKEITEN DER KINDERBETREUUNG

a) Die Möglichkeiten, Kinder betreuen zu lassen, wenn die Eltern arbeiten wollen oder müssen, sind vielfältig: Kindertagesstätte (Kita), Großeltern, Babysitter, Tagesmutter, Kindermädchen, Au-pair. Recherchieren Sie im Internet, ab wann die Kinder in der Kita betreut werden können und was der Unterschied zwischen Babysitter, Tagesmutter, Kindermädchen und Au-pair ist.

b) Schreiben Sie einen Text, in dem Sie zunächst die verschiedenen Betreuungsmöglichkeiten aus a) vorstellen. Beschreiben Sie Gemeinsamkeiten und Unterschiede der unterschiedlichen Optionen.

Wenn Sie ein eigenes Kind haben: Beschreiben Sie Ihre aktuelle Situation und argumentieren Sie, welche Betreuungsmöglichkeit zu Ihrer persönlichen Situation passt und warum.

Wenn Sie kein Kind haben, das betreut werden muss: Nutzen Sie Ihre Fantasie, um sich vorzustellen, in welcher Situation Sie sich befinden könnten, wenn Sie ein Kind bekommen würden oder hätten. Beschreiben Sie diese fiktive Situation und argumentieren Sie, welche Betreuungsmöglichkeiten zu dieser Situation passen würden und warum.

13 NOMINALISIERTE ADJEKTIVE UND PARTIZIPIEN – JUNG, ALT, GUT

a) Nominalisieren Sie die Adjektive in Klammern und ergänzen Sie sie mit der passenden Endung.

1 Liebe Lisa, lieber Ulli, ich wünsche euch alles ______ zur Hochzeit (gut).

2 Im ______ und ______ geht es mir sehr gut (groß, ganz).

3 Das ______ an dem neuen Job sind die angenehmen Arbeitszeiten (am besten).

4 In vielen Hollywoodfilmen kämpft das ______ gegen das ______ (gut, böse).

5 Es gibt nichts ______, außer man tut es (gut). (Erich Kästner)

b) Bilden Sie nominalisierte Adjektive oder Partizipien zu den kursiv gedruckten Wörtern und ergänzen Sie sie mit der passenden Endung.

1 Beamte arbeiten nicht nur im *Amt*. Auch ein Professor oder Lehrer ist ein ______.

2 Samantha *studiert* an der Fachhochschule in Siegen. Sie ist eine ______ der Fachhochschule.

3 Mit 18 ist man offiziell *volljährig*. ______ dürfen z. B. wählen oder Auto fahren.

4 Manchmal schimpfen die ______ über „die *Jugend* von heute". Aber oft waren viele *alte* Menschen als ______ auch nicht viel besser ...

5 *Kennen* Sie diesen jungen Mann? – Ja, er ist ein ______ von mir.

6 ______ soll man nicht aufhalten, sagt man. Und ich *reise* für mein Leben gern ...

7 Er ist im Sportunterricht sehr *gut*. Er ist in allen Sportarten der ______.

14 DIE FRAUENQUOTE

a) Lesen Sie den Text und ergänzen Sie die fehlenden Zahlen oder Wörter in den Sätzen darunter.

*der Aufsichtsrat = Gruppe, die die Geschäftsführung eines Unternehmens kontrolliert

Seit dem 1. Januar 2016 gilt in Deutschland für mehr als 100 große Unternehmen die Frauenquote für Führungspositionen: Bei Neubesetzungen im Aufsichtsrat* müssen mindestens 30 Prozent der Stellen mit Frauen besetzt werden. Wenn dieser Anteil nicht erreicht wird, dann bleiben die Stühle leer. Während es Anfang 2016 Großunternehmen gab, die noch gar keine Frau im Aufsichtsrat hatten, hat sich dies 2017 geändert. Auch wenn noch nicht alle die 30-Prozent-Quote erreicht haben, so lag der Anteil durchschnittlich bei 21 Prozent. Noch weniger Frauen gibt es jedoch auf den anderen Führungsebenen.

Dass der Anteil an Frauen immer noch so niedrig ist, liegt nicht daran, dass es keine gut ausgebildeten Frauen gäbe. In Jura und Wirtschaftswissenschaften liegt der Frauenanteil bei den Studierenden seit Jahren bei rund 50 Prozent. Und sogar in einigen ingenieurwissenschaftlichen Studiengängen gibt es einen ähnlich hohen Frauenanteil. Qualifizierte Frauen gibt es in den Bereichen, die für das gehobene Management in Unternehmen nötig sind, also eigentlich genug. Daher stellt sich die Frage, ob Frauen bei der Vergabe von Führungspositionen benachteiligt werden. Wie ließe sich dies ändern?

Die Einführung der Frauenquote in der Privatwirtschaft wird stark diskutiert. Befürworter vertreten die Meinung, dass sich ohne politischen Druck in den Unternehmen nichts ändern wird. Denn Männer fördern bevorzugt Männer, wenn auch oft nur unterbewusst. Durch die Quote werden die Chefs gezwungen, umzudenken. Und das ist ein Vorteil für das Unternehmen. Studien zeigen nämlich, dass gemischte Führungsteams effizienter und kreativer sind als homogene Gruppen. Doch es gibt auch viele Kritiker, die fragen: „Warum sollten Frauen mehr gefördert werden als Männer?" Wenn man eine Führungsposition erreichen will, zählen die Qualifikation und die Leistung. Das Geschlecht ist aber keine Qualifikation. Die Kritiker sagen: Mit der Quote werden die Karrierechancen von Männern verschlechtert. Zudem ist der bürokratische Aufwand für die Personalsuche eine Belastung für die Unternehmen.

30 % | Anfang | Durchschnitt | noch gar nicht | Hälfte | Studiengänge | uneinig | Zielvorgabe

1 Die Frauenquote gilt in Deutschland seit ______ des Jahres 2016.

2 Ziel ist, dass nicht weniger als ______ Frauen im Aufsichtsrat sind.

3 Einige Unternehmen haben die ______ 2017 erreicht, manche allerdings ______, sodass der ______ bei 21 % lag.

4 In Wirtschaft und Jura ist die ______ der Studierenden Frauen.

5 Auch im Ingenieurwesen gibt es ______ mit fast gleich vielen Männern und Frauen.

6 Über die Einführung der Frauenquote sind die Deutschen ______.

b) Kreuzen Sie die Lösung an, die grammatikalisch und inhaltlich richtig ist.

1 In Deutschland sind die Anteile weiblicher Führungskräfte in den Unternehmen ____ hoch.

A anders **B** unterschiedlich **C** gleich

2 Das Ziel des Gesetzes von 2016 ist, den Anteil von Frauen in Führungspositionen ____.

A zu erhöhen **B** erhöht **C** erhöhen

3 Etwa ein Drittel der Aufsichtsratsposten ____ seit 2016 von Frauen besetzt werden.

A wird **B** werden **C** muss

4 ____ Gesetzeseinführung bestand bei einigen Unternehmen der Aufsichtsrat nur aus Männern.

A Bei der **B** Aufgrund der **C** Obwohl die

5 In einigen Studiengängen im Ingenieurwesen sind ____ Frauen ____ Männer eingeschrieben.

A mehrere ... als **B** genau so viel ... dass **C** etwa so viele ... wie

6 ____ die Effizienz ____ die Kreativität sind bei gleichgeschlechtlichen Führungsteams geringer als bei gemischten Teams.

A Weder ... noch **B** Entweder ... oder **C** Nicht nur ..., sondern auch

7 Viele ____ das Gesetz, da die Frauenquote den Aufstiegschancen von Männern schaden kann.

A kritisieren **B** widersprechen **C** ablehnen

c) Verbinden Sie die passenden Satzteile.

1 Gäbe es keine Frauenquote, ...
2 Innerhalb der nächsten Jahre wird ...
3 Manche Unternehmen haben ...
4 Für Personalabteilungen gibt es ...
5 Durch die Frauenquote ...

A ... werden Männer künftig schlechtere Chancen haben.
B ... in Zukunft mehr Arbeitsaufwand bei Neubesetzungen.
C ... der Anteil von weiblichen Führungskräften zunehmen.
D ... wären die Aufstiegschancen für Frauen schwieriger.
E ... in einigen Jahren die vorgeschriebene Quote wohl noch immer nicht erreicht.

1	2	3	4	5

15 KINDERFREIE ZONE – FAMILIENFEINDLICH ODER SINNVOLL?

Lesen Sie den Artikel über kinderfreie Zonen in Hotels und Restaurants. Schreiben Sie anschließend einen Text, in dem Sie zu solchen kinderfreien Zonen Stellung nehmen und Ihre Meinung begründen.

KINDER MÜSSEN DRAUßEN BLEIBEN

In *Ellas Küche* – einem beliebten Restaurant auf der Insel Sylt – gilt ab 17 Uhr striktes Kinderverbot. Mit Einführung dieser kinderfreien Zone wollen die Gastwirte eine Oase der Ruhe für ihre Gäste schaffen – und finden damit viele Nachahmer. Auch andere Restaurantinhaber und Hotelbetreiber werben immer häufiger mit kinderfreien Zonen.

16 RADIONACHRICHTEN

a) Ordnen Sie die Bilder den Themen zu. Hören Sie dann die Nachrichten und bringen Sie die Themen in die richtige Reihenfolge.

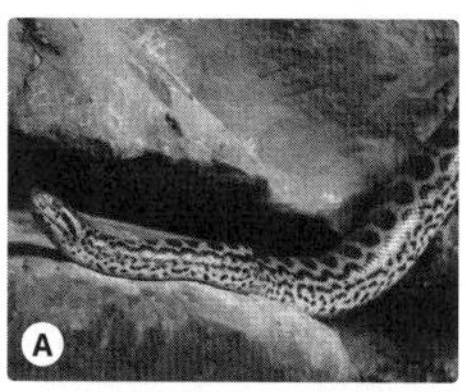

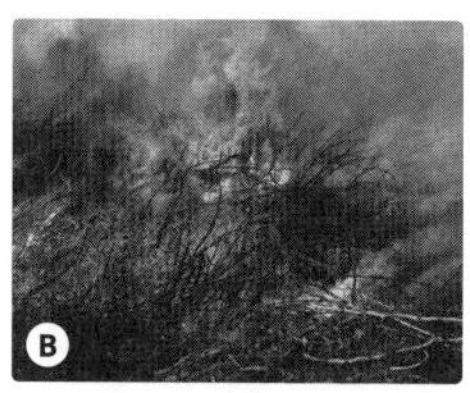

Thema	Waldbrand	Lehrermangel	Internet-Handel	Wetter	Schlangenfund
Bild					
Reihenfolge					

b) Was gehört zusammen? Ordnen Sie zu.

1	das Bußgeld, -er	A	jdn. (A) von etw. (D) überzeugen
2	pensioniert	B	eine freie Position
3	der Wettbewerb, -e	C	eine Geldstrafe
4	das Bundeskartellamt, ¨-er	D	jdn. (A) an einen Ort bringen und dort allein zurücklassen
5	die offene Stelle, -n	E	das, was ein Raubtier fängt und frisst
6	aushelfen	F	im Ruhestand sein
7	aussetzen	G	Behörde zum Schutz eines fairen Wettbewerbs
8	die Beute, /	H	hier: Kampf gegen andere Firmen um möglichst viele Kunden
9	die Preisabsprache, -n	I	vorübergehend helfen
10	jdn. (A) für etw. (A) gewinnen	J	jemand, der in eine Berufsgruppe wechselt, in der er bisher nicht gearbeitet hat
11	der Seiteneinsteiger, -	K	Vereinbarung zwischen mehreren Firmen, bestimmte Preise einzuhalten

1	2	3	4	5	6	7	8	9	10	11

c) Hören Sie die Nachrichten noch einmal. Richtig oder falsch? Kreuzen Sie an.

R	F	1	Experten haben den Latumer See vorerst gesperrt.
R	F	2	Die Gelbe Anakonda ist eine Würgeschlange.
R	F	3	Kleinere Menschen können schnell zur Beute der Anakonda werden.
R	F	4	Die Schlange wurde am Latumer See ausgesetzt.
R	F	5	Der Großbrand in Brandenburg wurde gelöscht.
R	F	6	Am Donnerstagabend begann der Brand.
R	F	7	Wegen alter Bomben und Munition im Boden sind die Löscharbeiten besonders schwierig.
R	F	8	Letztes Jahr mussten Online-Händler mehr als 60 Millionen Euro Geldstrafen zahlen.
R	F	9	Auch bekannte Internet-Riesen mussten Bußgelder bezahlen.
R	F	10	Aktuell sind Schulferien in Nordrhein-Westfalen (NRW).
R	F	11	In den Grundschulen in Nordrhein-Westfalen fehlen mehr als 3 500 Lehrer.
R	F	12	Lehrer von Gesamtschulen und Gymnasien werden dazu aufgefordert, an Grundschulen zu wechseln.
R	F	13	Viele Seiteneinsteiger interessieren sich für den Beruf als Lehrer.
R	F	14	Morgen wird es kühler als heute.
R	F	15	Auch morgen regnet es nicht.

d) Korrigieren Sie die Sätze.

1 Die 3 Meter lange Giftschlange stellt eine große Gefahr für den Menschen dar.

Korrektur:

2 Die Löschflugzeuge kämpfen auf rund 200 Hektar Fläche gegen die Flammen.

Korrektur:

3 Wegen illegalen Handels bekommen immer mehr Start-ups Probleme mit dem Bundesamt für Migration und Flüchtlinge.

Korrektur:

4 Für das am Donnerstag in Hessen beginnende Schuljahr fehlen unzählige Schüler.

Korrektur:

5 Das Wetter im Sektor bleibt kühl und nass.

Korrektur:

e) Wählen Sie eine Meldung aus und fassen Sie die Informationen, die Ihnen im Gedächtnis geblieben sind, in eigenen Worten mündlich im Kurs zusammen.

f) Bringen Sie die Stichwörter zum Thema „Bombenentschärfung im Ruhrgebiet“ in eine sinnvolle Reihenfolge. Schreiben Sie dann eine eigene Nachrichtenmeldung dazu.

	am Nachmittag		Nähe zur Autobahn A 40
	in Essen		Sperrung der Autobahn
	Bombe aus dem Zweiten Weltkrieg		noch keine Freigabe der Autobahn
	Entschärfung		Staus als Folge
	Unterbringung in Turnhallen		Evakuierung von 5 000 Menschen
	Stadtteil Huttrop		180 Einsatzkräfte

1 PASSIV – UMWELT UND UMWELTSCHUTZ

a) Ordnen Sie die Begriffe den Bildern zu.

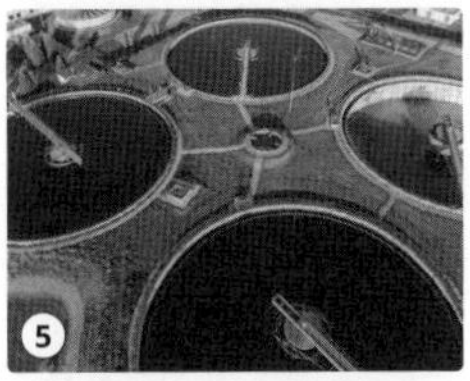
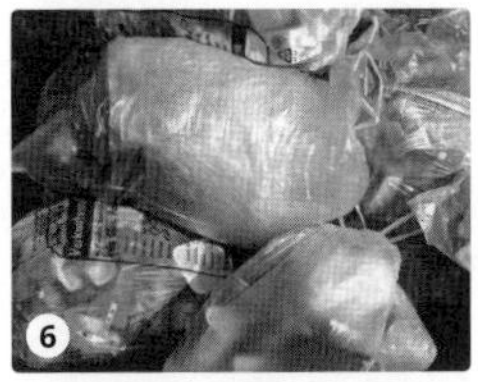

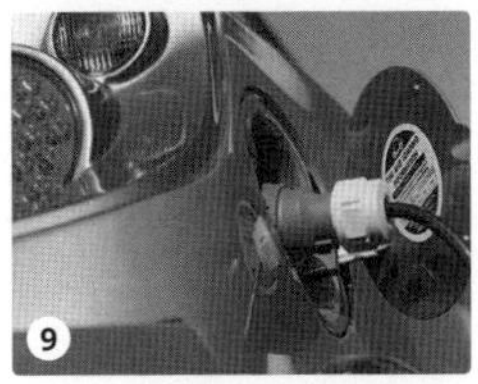

A die Mülltrennung, /
B der Tourismus, /
C der Wasserschutz, /
D öffentliche Verkehrsmittel (Pl.)
E die Massentierhaltung, /
F der Plastikmüll, /
G die Windenergie, /
H das Elektroauto, -s
I die Solarenergie, /

1	2	3	4	5	6	7	8	9

b) Lesen Sie die Statements. Setzen Sie die Passivsätze ins Aktiv. Achten Sie auf die Zeitform.

1 Politiker unternehmen viel zu wenig für unsere Umwelt. Auch auf den Klimagipfeln werden klare Entscheidungen gern verschoben. Nur der gute Wille wird erklärt, Taten folgen aber nicht.

Tatjana Bröhl, Bochum

2 Früher wurden Häuser viel häufiger mit Öl geheizt. Heute wird von vielen Leuten schon Solarenergie verwendet. Das finde ich gut.

Frederik Vogel, Frankfurt

3 Vermieter und Hauseigentümer müssen dafür sorgen, dass die Häuser besser gedämmt werden. So kann viel Energie gespart werden.

Oliver Becker, Stuttgart

4 Bevor die Kohleförderung reduziert worden ist, gab es weniger Arbeitslose im Ruhrgebiet. Klimaschutz sollte nicht zu Arbeitsplatzverlust führen.

Johanna Walz, Hamburg

5 Uns war versichert worden, dass die großen Windparks in der Nordsee ungefährlich sind. Aber dann sind viele Vögel durch die Windräder verletzt oder sogar getötet worden.

Anne Laschet, Aachen

6 Wie viele Deutsche freue ich mich sehr darüber, dass die Atomkraftwerke im Jahr 2022 abgeschaltet werden sollen. Hoffentlich passiert das dann auch!

Tina Dickmann, Köln

7 Recycling und Müllvermeidung haben meiner Meinung nach Priorität. Es ist wichtig, dass der Müll getrennt und wiederverwertet wird. Am besten ist es aber, wenn der Müll von vornherein vermieden werden kann.

Franz Obermeyer, München

c) Lesen Sie zwei weitere Statements und setzen Sie die Aktivsätze ins Passiv, wenn möglich. Lassen Sie unwichtige Täter weg. Achten Sie auf die Zeitform.

1 Früher haben die Menschen selten den Müll getrennt, aber heute sortieren sie Altpapier, Plastik, Glas und Biomüll aus.

Tamara Franke, Leipzig

2 Warum Luxusverzicht? Flugreisende können zum Beispiel einen kleinen Extrabeitrag bezahlen. Mit dem Geld kompensieren die Fluggesellschaften die CO_2-Emissionen des Fluges. Sie unterstützen zum Beispiel Organisationen, die neue Bäume pflanzen. Das ist doch super, oder?

Matthias Köhler, Marburg

2 MIT *ES* ODER OHNE *ES*?

a) Markieren Sie die Stellen, wo *es* fehlt.

1 Wenn im Winter früh dunkel wird, geht vielen Menschen in Deutschland mental nicht gut.

2 Sie brauchen Sonnenlicht, weil in der Haut das Vitamin D erzeugt.

3 Vitamin D ist wichtig, weil das Immunsystem stärkt.

4 Im Winter gibt in Mittel- und Nordeuropa aber zu wenig Licht.

5 Sonnenlicht wirkt stärker als künstliches Licht, weil ein größeres Lichtspektrum hat.

6 Und wenn dann auch noch länger regnet, leiden empfindliche Menschen an einer Winterdepression.

7 Bei einer Depression handelt sich um eine seelische Erkrankung.

b) Sind die folgenden Sätze richtig? Machen Sie einen Haken (✓) hinter richtige Sätze und korrigieren Sie Sätze, in denen *es* fehlt.

1 Ich habe das Gefühl, dass Ihnen nicht gut geht, Frau Meier ...

2 Im folgenden Text geht darum, wie man glücklich werden kann.

3 Der folgende Text handelt davon, wie man glücklich werden kann.

4 Sich über die kleinen Dinge freuen zu können, ist heute sehr selten.

5 Seit die sozialen Netzwerke gibt, kommunizieren die Menschen weltweit.

6 Wie kann alten Menschen ermöglicht werden, am alltäglichen Leben teilzunehmen?

7 Wenn über Politik diskutiert wird, werden viele Menschen emotional.

3 *ES* – WORTKETTEN

Bilden Sie aus den gegebenen Wörtern Sätze und ergänzen Sie dabei *es*. Ändern Sie Artikel und Pronomen vom Nominativ in den Akkusativ oder Dativ, wenn es nötig ist! Es kommen Haupt- und Nebensätze vor.

1 sein / möglich / wohl / , / zu parken / hier / fünf Minuten / ?

Ist es wohl möglich, hier fünf Minuten zu parken? – Ja, sicher!

2 werden / ziemlich / kalt / . (Perfekt)

__________ – Das stimmt, mir ist auch kalt!

3 gehen / Sie / wie / heute / ?

__________ – Naja ...

4 regnen / ob / morgen / wohl / ?

__________ – Ist doch egal, wir gehen ins Hallenbad!

5 suchen / das Rathaus / ich / , / finden / nicht / können / ich / aber / .

____

– Gehen Sie einfach hier geradeaus und dann die erste links, dann sind Sie schon da.

6 geben / ein Rezept / ein glückliches Leben / für / ?

____

– Weiß nicht. Aber verraten Sie es mir, wenn Sie es gefunden haben!

7 sein können / , / sein / verliebt / dass / du / ?

__________ – *seufz*

8 mitbringen wollen / das Buch / ich / heute / , / vergessen / ich / daheim / aber / leider / (Vergangenheit)

____

__________ – Macht nichts, dann eben morgen!

9 machen / und / hochladen / von deiner Katze / ein lustiges Foto (Imperativ)

____

– Gern, wenn du mir dafür ein Like gibst.

10 wissen / du / , / geben / hier / ein Getränkeautomat / ob / ?

__________ – Ja, unten neben dem Aufzug.

11 sein / möglich / leider / nicht mehr / , / sich anmelden / für die Prüfung

____

– Oh, das ist aber schade.

1 *ZU*-INFINITIV – DEPRIMIERENDES TAGEBUCH VON MICHEL SORGENFREY

Bilden Sie aus den *dass*-Sätzen Infinitivsätze mit *zu*.

1 Schon als Kind habe ich, Michel Sorgenfrey, damit angefangen, dass ich ein Tagebuch führe.

Schon als Kind habe ich, Michel Sorgenfrey, damit angefangen, ein Tagebuch zu führen.

2 Meine Freunde kritisieren mich dafür, dass ich immer alles negativ sehe.

Meine Freunde kritisieren mich dafür, ____________________

3 Ich habe aber gute Gründe dafür, dass ich eine pessimistische Weltsicht habe.

Ich habe aber gute Gründe dafür, ____________________

4 Natürlich habe auch ich keine Lust, dass ich morgens schon mit schlechter Laune aufstehe.

Natürlich habe auch ich keine Lust, ____________________

____

5 Aber ich erwarte jeden Tag, dass man mich wieder mal enttäuscht.

Aber ich erwarte jeden Tag, ____________________

6 In letzter Zeit mache ich mir Sorgen, dass mich meine Freundin verlässt.

In letzter Zeit mache ich mir Sorgen, ____________________

7 Sie wirft mir immer vor, dass ich grundlos eifersüchtig bin.

Sie wirft mir immer vor, ____________________

8 Bereut sie es etwa, dass sie mit mir zusammengezogen ist?

Bereut sie es etwa, ____________________

9 Neulich hat mein Chef mich angewiesen, dass ich bei der Arbeit gute Laune ausstrahle.

Neulich hat mein Chef mich angewiesen, ____________________

____

10 Glaubt er wirklich, dass man mir so einen Quatsch befehlen kann?

Glaubt er wirklich, ____________________

11 Aber nun habe ich doch Angst, dass man mich wegen meines ehrlichen Charakters entlässt.

Aber nun habe ich doch Angst, ____________________

____

12 Immerhin habe ich den Tag überstanden, ohne dass ich verletzt worden bin. Aber morgen ...

Immerhin habe ich den Tag überstanden, ____________________

____________________ Aber morgen ...

2 UNGEWÖHNLICHE ÄNGSTE

a) Was sehen Sie auf den Bildern? Kennen Sie Menschen, die Angst vor diesen Dingen haben?

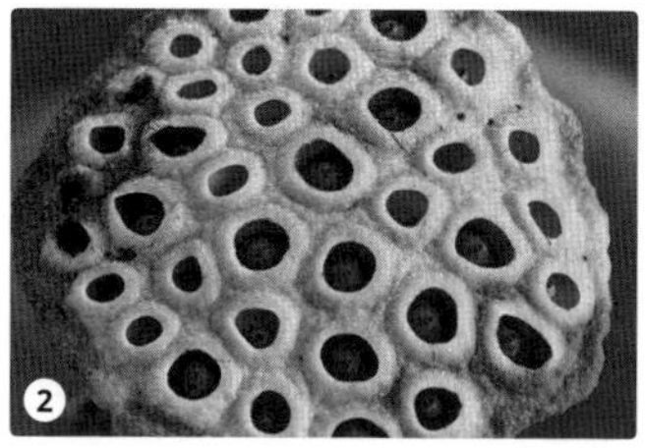

b) Lesen Sie den Infokasten und geben Sie die Informationen in eigenen Worten wieder.

> Mit Ängsten, auch Phobien genannt, reagieren Menschen auf mehr oder weniger reale Bedrohungen, denen sie in ihrer Umwelt begegnen. Auch Ekel bezeichnet eine starke Abwehrreaktion des Körpers auf bestimmte Dinge. Die Erscheinungsformen von Angst und Ekel sind sich sehr ähnlich. Bei beiden Gefühlen reagieren Menschen in leichteren Formen mit Vermeidung dern Situation und leichten körperlichen Beschwerden wie Übelkeit und schweißnassen Händen. Schwerere Angst- und Ekelreaktionen können stärkere körperliche Symptome wie Erbrechen, Herzrasen und Atemnot auslösen.

c) Lesen Sie den Text einmal schnell, d. h. ohne unbekannte Wörter im Wörterbuch nachzuschauen. Ordnen Sie danach zu: Welche Aussagen passen zu welcher Angst? Welche Aussagen passen nicht?

1. Das Material ist egal.
2. Das ist eine peinliche Angst.
3. Das war ursprünglich ein Schutz vor Krankheiten.
4. Die Mimik kann man nicht lesen.
5. Ekel basiert auf unangenehmen Kindheitserlebnissen.
6. Bäume machen Angst.
7. Man hat auch vor Luftballons Ekel.
8. Diese Furcht gibt es nur bei Kindern.

Angst vor Knöpfen	Angst vor Löchern	Angst vor Clowns	passt nicht

> Höhenangst, Angst vor Spinnen, Angst vor der Dunkelheit. Fast jeder von uns leidet selbst mehr oder weniger stark unter einer dieser Alltagsängste oder kennt jemanden, dem eine dieser Ängste Probleme macht. Doch es gibt auch eine Reihe von ungewöhnlichen Ängsten bzw. Situationen, in denen Menschen mit Ekel reagieren. Im Folgenden soll es um drei dieser ungewöhnlichen Ängste gehen.
> Die Angst vor Knöpfen, auch Koumpounophobie genannt, ist beispielsweise weitgehend unbekannt. Menschen mit dieser Angst ekeln sich extrem vor Knöpfen. Dabei spielt es meist keine Rolle, ob es Knöpfe aus Plastik, Holz oder Metall sind. Auch Fotos von Knöpfen können Ängste auslösen. Oft beschreiben die Betroffenen die Löcher in den Knöpfen als angstauslösend, für andere ist es die glatte Oberfläche, wieder andere verbinden unangenehme Gerüche mit Knöpfen. „Wenn ich an Knöpfe denke, kommt mir der Geruch von saurer Milch oder alter Butter in die Nase", erzählt Anna Zergner, eine Betroffene. „Schon seit meiner Kindheit hasse ich Kleidung mit Knöpfen. Eine Bluse zu tragen, stellt für mich einen wahren Albtraum dar." Die Betroffenen versuchen, Kleidungsstücke mit Knöpfen zu vermeiden, kaufen also z. B. eher Jacken mit Reißverschlüssen. „Mir war meine Knopfphobie lange peinlich", erzählt Anna Zergner weiter. „Mein Mann wusste zum Beispiel nicht, dass ich unter dieser Angst leide. Erst nach der Geburt unseres ersten Sohnes fiel ihm mein angeekeltes Gesicht beim Anziehen des Kindes auf. Klamotten für Babys sind nun mal meistens mit Druckknöpfen versehen."

Die Ursache der Knopfangst ist noch ungeklärt. Manche Forscher meinen, dass es bei den Betroffenen ein frühkindliches negatives Erlebnis mit Knöpfen gegeben haben muss. Dagegen spricht allerdings, dass es bei genauem Hinsehen relativ viele Betroffene gibt. Bei allen solch ein negatives Knopferlebnis zu vermuten, scheint etwas weit hergeholt.

Die Trypophobie ist eine andere weitgehend unbekannte Angst. Sie beschreibt die Angst vor Löchern mit unregelmäßigen Formen. Beim Anblick einer Lotussamenkapsel (Bild 2) bekommen Betroffene schwitzige Hände und starke Ekelgefühle. Auch Luftschokolade oder Shampoo-Schaum können diese Gefühle auslösen. Ein Betroffener, Michael Hummel, berichtet, dass der Ekel vor Löchern bei ihm sogar Übelkeit und Erbrechen auslösen kann. „Auf meinem Arbeitsweg steht ein knochiger alter Baum", berichtet Michael Hummel. „Seine Rinde ist alt und durchlöchert. Als ich den Baum zum ersten Mal wahrnahm, ekelte ich mich so stark, dass ich mein Auto erstmal am Straßenrand parken musste, um mich zu beruhigen. Der Gedanke an den alten Baum verursachte bei mir Übelkeit, Atemnot und Schwindel. Ich ekelte mich einerseits fürchterlich davor, andererseits spürte ich einen starken Zwang, die Löcher in dem Baum zu berühren. Als ich die nächsten Male daran vorbeifuhr, reagierte ich genauso stark, ich gewöhnte mich einfach nicht an den Baum. Seit den ersten Begegnungen mit dem Baum fahre ich einen Umweg zur Arbeit."

Diese Angst, so vermuten Wissenschaftler, hat ihren evolutionären Ursprung in der Angst vor Parasiten und Krankheiten, die den Körper befallen und durchlöchern. Vor dem Aufkommen der modernen Medizin war es sicherlich der beste Schutz vor solchen Parasiten und Krankheiten, wann man von Kranken Abstand hielt. Die Angst wäre somit ein Schutzmechanismus.

Als Coulrophobie wird die Angst vor Clowns bezeichnet. Besonders Kinder leiden unter dieser Angst, die die Betroffenen oftmals bis ins Erwachsenenalter begleitet. „Ich habe Zirkusvorstellungen früher gehasst", erinnert sich Sebastian Bennos. „Immer diese schrecklich geschminkten Gesichter, die die ganze Zeit lächelten. Früher gingen die Clowns am Ende der Vorstellung durch die Reihen und verteilten Luftballons und Süßigkeiten an die Kinder. Wenn der Clown mir zu nahe kam, war das Horror für mich."

Die Angst vor Clowns kommt wahrscheinlich daher, dass Menschen in der Mimik des Gegenübers erkennen möchten, ob die Person Freund oder Feind ist. Das maskenhafte Clownsgesicht kann hingegen nicht gelesen werden. Außerdem machen die unkontrollierten Bewegungen eines Clowns ihn zu einer möglichen Gefahr. Nachrichten von Übergriffen durch Horror-Clowns sowie der Bestseller *Es* von Stephen King haben bei den Betroffenen die Angst vor Clowns sicherlich noch verstärkt.

Alle diese Ängste haben gemeinsam, dass sie irrational sind. Die Dinge, vor denen die Betroffenen sich fürchten, stellen keine wirkliche Gefahr dar. Außenstehende haben oft wenig Verständnis für die Ängste der Betroffenen. Wer von seiner Angst berichtet, wird oft ausgelacht. „Oft schränken diese Ängste das Leben der Betroffenen stärker ein, als man auf den ersten Blick erkennt", meint die Psychologin Nicola Gottweich. „Sie versuchen, Situationen zu vermeiden, in denen sie mit ihren Ängsten konfrontiert werden." Doch wie bei jeder Angst verschafft nur die ständige Konfrontation mit der Angst Besserung. „Egal, ob jemand unter Höhenangst leidet oder Angst vor Knöpfen hat", meint Nicola Gottweich, „nur wer sich seiner Angst stellt, kann sie am Ende besiegen."

d) Lesen Sie nun den Infokasten und den Text ein zweites Mal und beantworten Sie die Fragen.

1 Richtig oder falsch? Kreuzen Sie an.

R	F	1	Mit Ängsten schützen sich Menschen nur vor realen bedrohlichen Situationen.
R	F	2	Die körperlichen Reaktionen auf Angst und Ekel sind unterschiedlich.
R	F	3	Viele Menschen haben ungewöhnliche Ängste.
R	F	4	Das Material der Knöpfe ist bei der Knopfphobie meist unwichtig.

2 Ergänzen Sie:

Auch durch Fotos von Knöpfen ______ die Angst ______

3 Welche beiden Aussagen sind richtig?

- **A** Knöpfe riechen oft nach saurer Milch oder alter Butter.
- **B** Von Blusen bekommt Anna Zergner Albträume.
- **C** Die Betroffenen meiden Kleidung mit Knöpfen.
- **D** Die Knopfphobie resultiert aus negativen Erlebnissen in der Kindheit.
- **E** Die Ursache für eine Knopfphobie ist nicht bekannt.

4 Beantworten Sie die Fragen in ganzen Sätzen.

1 Warum musste Michael Hummel sein Auto am Straßenrand parken?

2 Wie äußert sich seine Angst vor unregelmäßigen Löchern?

3 Was ist wahrscheinlich der evolutionäre Ursprung dieser Angst?

5 Welche Aussagen passen zusammen? Ordnen Sie zu.

1 Kinder, die unter Angst vor Clowns leiden,
2 Menschen haben oft Angst vor Clowns,
3 Die unkontrollierten Bewegungen des Clowns
4 Durch die Medien

A weil sie die Mimik nicht lesen können.
B wird die Angst vor Clowns verstärkt.
C haben oft auch als Erwachsene ein Problem mit Clowns.
D werden als Gefahrenquelle eingeschätzt.

1	2	3	4

6 Richtig oder falsch? Kreuzen Sie an.

- **R** **F** 1 Alle Ängste haben gemeinsam, dass sie irrational sind.
- **R** **F** 2 Außenstehende lachen oft über die ungewöhnlichen Ängste.
- **R** **F** 3 Der beste Umgang mit Ängsten ist Konfrontation.

3 ZUKUNFTSÄNGSTE

In Deutschland herrscht besonders bei wirtschaftlichen Themen wie beispielsweise der Sicherheit des Jobs Zukunftsangst. Was macht Ihnen Sorgen, wenn Sie in die Zukunft blicken? Wie ist die Stimmung in Ihrer Heimat?

4 SUBJEKTLOSES PASSIV – NATUR UND UMWELT

Formulieren Sie die Sätze im Passiv. Verwenden Sie dasselbe Tempus.

1 In Münster fährt man viel mit dem Rad.

2 Man dankte ihm für sein Engagement.

3 Die Medien haben ausführlich über das Hochwasser berichtet.

4 Bis zu der großen Spendenaktion hatte man den Familien im Hochwassergebiet kaum geholfen.

5 Man bittet um Spenden.

6 Man muss in der gesamten EU für den Atomausstieg kämpfen.

7 Man kann heutzutage nicht mehr auf das Internet verzichten.

8 Über diese Naturdoku wird man viel diskutieren.

9 Wie kann man gefährdeten Tieren am besten helfen?

5 (DOPPEL-)KONJUNKTIONEN UND MEHR – UMGANG MIT MÜLL

a) Ergänzen Sie *aber*, *denn*, *oder*, *sondern* und *und*. Ergänzen Sie auch, wenn nötig, *zwar*, *nicht* oder *kein*.

1 Victor möchte seinen Müll sortieren, _____ er weiß _____ wie.

2 Vera weiß es _____ erklärt es ihm.

3 Batterien sind Sondermüll, _____ sie enthalten Chemikalien.

4 Ist das hier eine Pfandflasche _____ Altglas?

5 Diese Flasche ist _____ Altglas, _____ eine Pfandflasche.

6 Einige Getränkeverpackungen bestehen _____ zum Teil aus Pappe, _____ sie gehören nicht ins Altpapier.

7 Wasserflaschen sind meistens _____ Altglas, _____ Pfandflaschen.

8 Wertstoffe soll man auch sortieren, _____ man kann sie wiederverwenden.

9 Alte Möbel kann man zum Sperrmüll geben, _____ man muss einen Termin machen.

10 Müll zu sortieren, ist _____ ein bisschen Arbeit, _____ es ist gut für die Umwelt.

b) Ergänzen Sie die Doppelkonjunktionen *entweder ... oder, nicht nur ..., sondern auch, sowohl ... als auch* und *weder ... noch*. Schreiben Sie ein Wort pro Lücke und ergänzen Sie keine zusätzlichen Kommas.

1 _____ Batterien _____ Medikamente gehören in den Restmüll.

2 _____ _____ Plastik, _____ _____ Aluminium ist ein Wertstoff.

3 Glasflaschen sind _____ Altglas _____ Pfandflaschen.

4 Man soll Plastikverpackungen _____ _____ getrennt sammeln, _____ man soll sie vorher _____ reinigen.

5 Leere Batterien nehmen _____ Supermärkte _____ _____ Drogerien zurück.

6 _____ Victor _____ seine Frau wissen genau über die Mülltrennung Bescheid und fragen deshalb Vera.

7 In den Altglascontainer kommen _____ Flaschen _____ _____ Glaskonserven.

c) Ergänzen Sie die (Doppel-)Konjunktionen im Text. Schreiben Sie ein Wort pro Lücke. Manchmal gibt es mehrere Lösungen.

(1) Müll soll man sortieren, _____ viele Stoffe kann man noch einmal verwenden. (2) Eigentlich ist die Mülltrennung einfach, _____ viele machen dabei noch Fehler. (3) Milchkartons zum Beispiel sind nicht aus Pappe, _____ aus einem Verbundstoff. (4) Deshalb kommen Milchkartons _____ ins Altpapier _____ in den Restmüll, _____ in die gelbe Tonne. (5) _____ Glas _____ _____ Papier kann man wiederverwenden. (6) Das ist _____ _____ gut für die Umwelt, _____ oft _____ billiger. (7) Ein Problem sind für viele Haushalte _____ die Müllgebühren, _____ sie sind oft sehr hoch. (8) Diese Gebühren zahlt der Hauseigentümer, _____ er berechnet sie dann in den Nebenkosten für die Wohnung. (9) Oft vermeiden viele Leute Müll _____ kaufen Produkte ohne Verpackungen, z. B. Fleisch beim Metzger _____ Obst _____ Gemüse in Frischmärkten, _____ sie lassen die Verpackungen im Supermarkt. (10) _____ manchmal passiert das: Man vermeidet Müll, _____ man muss trotzdem mehr Gebühren bezahlen. (11) Das ist _____ _____ ärgerlich, _____ _____ unlogisch. (12) _____ oft fragt man sich dann: Warum soll ich noch meinen Müll sortieren?

6 *ES* – GLÜCK

a) Ergänzen Sie *es*, wenn nötig, oder machen Sie einen Strich, wenn kein *es* stehen darf (/). Setzen Sie *es* in Klammern, wenn es freiwillig ist.

Was ist das Glück? Kann man _____ (1) wirklich finden? Fliegt _____ (2) einem einfach zu? Oder ist _____ (3) sinnlos, nach dem Glück zu suchen? Biologisch handelt _____ (4) sich bei einem Glücksgefühl um einen chemischen Vorgang: Im Körper werden _____ (5) Hormone gebildet. _____ (6) kann aber bezweifelt werden, dass _____ (7) diese Erklärung viele Menschen zufriedenstellt.

Wie kann man ____ (8) erreichen, glücklich zu werden? Ein Sprichwort besagt ____ (9), dass ____ (10) jeder seines Glückes Schmied sei. Ein Schmied bearbeitet heißes Eisen und formt ____ (11) zu Gegenständen oder Kunstwerken. Kann ____ (12) wahr sein, dass wir uns um unser Glück selber kümmern müssen (oder können)? Der deutsche Schriftsteller Erich Kästner schrieb ____ (13) einmal: „Es gibt nichts Gutes, außer man tut ____ (14).“ Das Glück und das Gute scheinen ____ (15) also Dinge zu sein, die man ____ (16) nur aktiv erreichen kann. Wer ____ (17) auf das Glück einfach wartet, wird ____ (18) niemals erlangen.

Aber was ist ____ (19) das Glück denn nun? Ist ____ (20) vielleicht das Geld? Eine weitere Redensart lautet: „Geld macht nicht glücklich, aber ____ (21) beruhigt die Nerven“. ____ (22) kann durchaus sein, dass ____ (23) Geld manche Menschen glücklich macht. Doch muss man ____ (24) bezweifeln, dass das auf die meisten Menschen zutrifft.

Oft machen die kleinen Dinge glücklich: wenn ____ (25) ein Kind lacht, wenn ____ (26) am Abend eines heißen Tages regnet oder ____ (27) sich die Bäume im Herbst golden und rot färben. Machen Sie ____ (28) sich doch einmal selbst Gedanken darüber, was Glück ist.

b) Was ist Glück für Sie? Schreiben Sie einen Text dazu.

7 PASSIV – PLASTIKMÜLL

a) Lesen Sie den Text und markieren Sie alle Verben, die kein Passiv bilden können.

Über die Verschmutzung der Meere durch Kunststoff diskutiert man immer mehr. Forscher warnen vor den Folgen für Tiere und Pflanzen durch Plastikteile in den Ozeanen. Sie machen Verpackungsmüll und Mikroplastik für die Verschmutzung verantwortlich. In jedem Quadratkilometer Ozeanwasser schwimmen hunderttausende von Plastikteilchen. Meeresbiologen berichten über Seevögel, die an Plastikmüll aus alten Handys und zerbrochenen PET-Flaschen gestorben sind. Die Vögel fressen die Plastikteilchen, da sie diese für Nahrung halten. Aber auch Fische, Meeresschildkröten und Delfine fressen Plastikmüll; sie verwechseln Plastiktüten mit Beutetieren. Ein tödlicher Irrtum.

Jedes Jahr entstehen weltweit 78 Mio. Tonnen an Plastikverpackungen. Davon landen 32 Prozent in Flüssen und Meeren. Doch Kunststoffe brauchen bis zu 400 Jahre, damit Mikroorganismen sie zersetzen. Daher diskutiert man darüber, was man gegen den Plastikmüll unternehmen kann. Wie kann man vor allem Kunststoffabfälle vermeiden?

Am besten wäre es, wenn man auf Plastikverpackungen verzichtet. Aber das ist gar nicht so einfach. Man muss leider sagen, dass nicht nur die Discounter fast alle Lebensmittel in Kunststoffverpackungen oder Folie verkaufen. Auch lehnen es viele Verbraucher ab, dass man sie für den Umweltschutz verantwortlich macht.

b) Formen Sie die (Teil-)Sätze aus dem Text ins Passiv um. Eine Lücke kann mehrere Wörter enthalten.

1 Über die Verschmutzung der Meere durch Kunststoff ______ immer mehr ______.

2 ______ Forschern ______ vor den Folgen für Tiere und Pflanzen durch Plastikteile in den Ozeanen ______.

3 Verpackungsmüll und Mikroplastik ______ für die Verschmutzung verantwortlich ______.

4 Die Plastikteilchen ______ Vögeln ______, da sie für Nahrung ______.

5 Aber auch ______ Fischen, Meeresschildkröten und Delfinen ______ Plastikmüll ______; Plastiktüten ______ mit Beutetieren ______.

6 Kunststoffe brauchen bis zu 400 Jahre, um ______ Mikroorganismen ______ zu ______.

7 Es ______ daher ______, was gegen den Plastikmüll ______.

8 Am besten wäre es, wenn auf Plastikverpackungen ______.

9 Es ______ leider ______, dass nicht nur ______ Discountern fast alle Lebensmittel in Kunststoffverpackungen oder Folie ______.

10 Auch lehnen es viele Verbraucher ab, für den Umweltschutz verantwortlich ______.

c) Formulieren Sie die folgenden Sätze im Passiv. Benutzen Sie mal das Erststellen-*es*, mal nicht.

1 Man warnt vor den Folgen des Plastikmülls.

______

2 Man rechnet mit dem Aussterben von Tier- und Pflanzenarten im Meer.

______

______

*verendet = langsam und qualvoll gestorben

3 Man berichtet über verendete* Meeresvögel und Schildkröten.

______

4 Man produziert jedes Jahr 78 Mio. Tonnen Plastikverpackungen.

______

______

5 Man diskutiert über Maßnahmen gegen den Verpackungsmüll.

______

6 Man verkauft auch viele Bioprodukte in Plastikverpackungen.

______

______

7 Man muss mit einer globalen Umweltkatastrophe für Flüsse, Seen und Meere rechnen.

8 Man muss der ökologischen Landwirtschaft helfen.

9 Man wirft viel zu viel Plastik weg.

10 So kann man nicht weitermachen.

d) Denken Sie an Ihre letzten Einkäufe zurück: Wie viele Lebensmittel haben Sie ohne Plastikverpackungen gekauft? Wo und wie könnte man einkaufen, ohne dass alles in Plastik eingepackt ist oder wird? Sprechen Sie zu zweit!

8 *(AN)STATT ... ZU* ODER *OHNE ... ZU* – SO SCHIMPFEN LEUTE ÜBER IHRE PARTNER

*statt = anstatt

Ergänzen Sie die Sätze mit *(an)statt** ... *zu* oder *ohne* ... *zu.*

1 Er hat ein neues Auto gekauft, ... (mich fragen)

Er hat ein neues Auto gekauft, ohne mich zu fragen.

2 Er ist zum Fußball gegangen, ... (mit mir ins Kino gehen)

Er ist zum Fußball gegangen,

3 Sie ging aus dem Haus, ... (sich von mir verabschieden)

Sie ging aus dem Haus,

4 Abends bleibt er lange weg, ... (mich anrufen)

Abends bleibt er lange weg,

5 Er will im Urlaub nach Moskau reisen, ... (mit mir nach Hawaii fliegen)

Er will im Urlaub nach Moskau reisen,

6 Sie lügt, ... (rot werden)

Sie lügt,

7 Sie liegt nur noch auf der Couch, ... (etwas mit mir unternehmen)

Sie liegt nur noch auf der Couch,

8 Sie hat schon wieder die Wohnung verlassen, ... (die Fenster schließen)

Sie hat schon wieder die Wohnung verlassen,

9 Wenn das so weitergeht, mache ich Schluss, ... (noch lange nachdenken)

Wenn das so weitergeht, mache ich Schluss,

9 RADIONACHRICHTEN

a) Lesen Sie die Aufgaben zum Hörtext (Aufgabe b) und markieren Sie die Schlüsselwörter. Hören Sie dann den Hörtext. Welche Themen werden nicht behandelt?

A	Finanzen	C	Kunst	E	Wetter
B	Sport	D	Gesundheit	F	Bildung

b) Hören Sie die Nachrichten noch einmal. Was ist richtig? Kreuzen Sie an.

1
- A Das deutsche Team ist noch nie zuvor in der Vorrunde ausgeschieden.
- B Das deutsche Team schied im Achtelfinale aus.
- C Südkorea geht als Gruppenletzter aus dem Turnier.

2
- A Nach einem 0:2-Sieg gegen Südkorea zieht das deutsche Team ins Achtelfinale ein.
- B Das Achtelfinale findet am Sonntagabend statt.
- C Das Vorrunden-Spiel Deutschland gegen Südkorea fand am Sonntagabend statt.

3
- A Am Dienstag fliegen die Deutschen als letzte Mannschaft nach Hause.
- B Treue Fans erwarten das deutsche Fußballteam bei seiner Rückkehr.
- C Der Berliner Flughafen organisiert einen besonderen Empfang für das Team.

4
- A Forscher, Politiker und Aktivisten beraten auf der Konferenz über die Verbreitung des HI-Virus.
- B Zwei Drittel aller HIV-Infizierungen gibt es in Afrika.
- C 35 Millionen Infizierungen zählt man weltweit.

5
- A Weltweit gibt es jährlich 3 000 Neuansteckungen.
- B In Deutschland infizieren sich jährlich schätzungsweise 3 000 Menschen mit HIV.
- C Zwei Drittel der deutschen Infizierten haben Zugang zu Medikamenten.

6
- A Die Experten stoppen weitere Infizierungen bis 2030.
- B Die Krankheit lässt sich bis 2030 gut besiegen.
- C Die Experten wollen erreichen, dass sich bis 2030 das Virus nicht weiter ausbreitet.

7
- A 75 Prozent ihrer männlichen Kollegen verdienen besser als Katharina Kamilia.
- B Katharina Kamilia verklagt den Aachener Konzertpalast wegen ungleicher Bezahlung.
- C Katharina Kamilias männliche Kollegen in ähnlicher Position erhalten 25 Prozent mehr Lohn.

8
- A Durch das neue Gesetz haben alle Arbeitnehmer ein Recht darauf, zu erfahren, wie viel ihre Kollegen verdienen.
- B Das neue Gesetz gilt seit Anfang des Jahres.
- C Mindestens 200 Arbeitnehmer erkundigten sich schon nach dem Gehalt ihrer Kollegen.

9	A	Nach fünf Jahren wird erstmals ein Anstieg der Geburtenziffer in Deutschland verzeichnet.
	B	Seit fünf Jahren wird ein Anstieg der Geburtenziffer in Deutschland verzeichnet.
	C	Seit 1973 sinkt die Geburtenrate in Deutschland.

10	A	In diesem Jahr gab es insgesamt 729.000 Geburten.
	B	Die Geburtenrate stieg im Vergleich zum Vorjahr um 7 Prozent an.
	C	Im Vorjahr stieg die Geburtenrate um 7 Prozent an.

11	A	Innerhalb der EU werden im Durchschnitt 1,6 Kinder pro Frau geboren.
	B	Innerhalb der EU werden die wenigsten Kinder in Spanien und Frankreich geboren.
	C	Deutschland liegt in Bezug auf die Geburtenrate im EU-Vergleich weit oben.

12	A	Es gibt nur vereinzelt Regen.
	B	In Bielefeld gibt es im Vergleich zu den anderen genannten Städten die mildesten Temperaturen.
	C	In den nächsten Tagen wird es wärmer als 30 Grad.

c) Lesen Sie den Auszug aus den Nachrichten und ergänzen Sie die fehlenden Wörter. Hören Sie zur Kontrolle den Text dann noch einmal.

Die bekannte Flötistin Katharina Kamilia ________ (1) das Sinfonieorchester des Aachener Konzertpalastes wegen ________ (2). Kamilia erhalte nur 75 Prozent ________ (3) ihrer ________ (4) Kollegen. Seit dem Inkrafttreten des sogenannten Entgelttransparenzgesetzes fordern Feministinnen Frauen in ähnlich benachteiligten ________ (5) dazu auf, bei Ungleichheiten in der Bezahlung gerichtlich gegen ihren ________ (6) vorzugehen. Durch das neue Gesetz kann sich seit Anfang dieses Jahres jeder ________ (7) in Unternehmen mit mindestens 200 Beschäftigten ________ (8), wie viel andere Kollegen in ________ (9) Positionen verdienen. Bislang sind nur wenige ________ (10) wie die von Kamilia bekannt geworden.

d) Der Fall der Flötistin Katharina Kamilia ist ein Beispiel für den sogenannten Gender Pay Gap, den geschlechtsspezifischen Lohnunterschied also. Welche weiteren Beispiele für Ungleichheiten zwischen den Geschlechtern kennen Sie aus Deutschland oder Ihrer Heimat? Sprechen Sie in der Gruppe. Schreiben Sie danach einen Text zu diesem Thema.

10 UMWELTTHEMEN

Stellen Sie die Stühle im Kursraum so, dass sich immer zwei Personen gegenübersitzen. Sprechen Sie 3 Minuten lang über ein Thema. Erzählen Sie von Ihren eigenen Erfahrungen mit dem jeweiligen Thema und äußern Sie Ihre Meinung dazu.

Nach 3 Minuten ertönt ein Signal. Eine Person rückt einen Stuhl auf und unterhält sich nun 3 Minuten lang mit dem neuen Gesprächspartner / der neuen Gesprächspartnerin über das nächste Thema.

- Windenergie
- Solarenergie
- Mülltrennung (Deutschland vs. Heimatland)
- fahrradfreundliche Städte
- Recycling
- Energie sparen
- Wegwerfgesellschaft
- nachhaltig leben
- Umweltschutz und Politik
- autofreie Innenstädte
- CO_2-Ausstoß verringern
- Umweltschutz in Schulen
- Flaschenpfand
- Elektroschrott
- Straßenausbau
- nachwachsende Rohstoffe
- Auto als Statussymbol
- Atomenergie
- Elektroautos
- Umweltschutz im Alltag
- öffentlicher Personennahverkehr
- ...

1 NEBENSÄTZE – TECHNOLOGISCHE INNOVATIONEN

Setzen Sie folgende Wörter in den Text ein.

bis | dass | indem | mit denen | nachdem | obwohl (2x) | ohne zu | so ... dass | während (2x) | was | weil | wenn (2x) | zu (2x)

(1) ______ man technologische Innovationen in der Regel Ingenieuren zuschreibt, haben tatsächlich oft auch Künstler neue Technologien erdacht. (2) ______ Ingenieure auf exakte Berechnungen achten müssen, sind Autoren und Filmemacher frei in ihrer Fantasie. (3) Science-Fiction wird das Genre genannt, ______ hier Fantasie auf Wissenschaft und Technik trifft. (4) In Literatur und Film wurden neuartige Antriebe für Raumschiffe erdacht, ______ man sich schnell durch den Weltraum bewegen kann. (5) Dabei erreichen die fiktiven Raumschiffe ______ hohe Geschwindigkeiten, ______ sie Entfernungen von mehreren Lichtjahren in wenigen Stunden zurücklegen können. (6) ______ solche Geschwindigkeiten aus physikalischen Gründen in der Realität nicht möglich sind, akzeptiert das Publikum solche Reisen als vollkommen normal. (7) Selbst Ingenieure weltweit geben zu, ______ sie sich für die künstlerischen Visionen begeistern können. Das ist nicht überraschend. (8) Was für fantastische Möglichkeiten hätte der Mensch, ______ er einfach so durch das Universum reisen könnte? (9) Eine andere Möglichkeit für den Menschen, große Entfernungen ______ überwinden, ist der Kälteschlaf. (10) ______ Astronauten in großen Behältern eingefroren werden, können sie durch das All reisen, ______ altern. (11) ______ das Raumschiff durch das All fliegt, sind alle vitalen Funktionen der Passagiere ausgeschaltet. (12) ______ sie an ihrem Zielort eintreffen, werden sie einfach aufgetaut und zum Leben erweckt. (13) ______ sie dann auf fremden Planeten ihre Abenteuer erlebt haben, kehren sie im Tiefschlaf wieder zur Erde zurück. Tatsächlich wird die Technologie des Kälteschlafs (Kryonik) bereits heute angeboten. (14) Mehrere Menschen mit unheilbaren Erkrankungen haben sich einfrieren lassen und bleiben in diesem Zustand, ______ es eine Möglichkeit gibt, die Krankheit ______ heilen. So zumindest ist ihre Hoffnung. (15) Denn ______ im Film funktioniert, wird im Leben nicht immer zur Realität.

2 VERBSTRUKTURTEST – ERZIEHUNG

Ergänzen Sie die Lücken mit den richtigen Verbformen (ein Wort pro Lücke).

1 Wie ______ Kinder am besten ______? (erziehen)

2 Über diese Frage ______ immer schon sehr emotional ______ ______. (diskutieren)

3 ______ man den Kindern ihren Willen oder ______ man strenge Erziehungsmethoden ______? (lassen, anwenden)

4 ______ diese Frage eindeutig ______ ______, ______ sicherlich alle Eltern glücklich. (beantworten können, sein)

5 Das ______ aber leider nicht der Fall. (sein)

6 Das Ziel der Erziehung ___ in der Regel, aus den Kindern selbstständige, kreative und erfolgreiche Menschen ___ ___. (sein, machen)

7 Schon bei der Frage, ob aus ihnen auch glückliche Menschen ___ ___, ___ die Meinungen auseinander. (werden sollen, gehen)

8 Es ___ so, als ob manchen Eltern das Glück der Kinder nicht so wichtig ___ wie der Erfolg in Schule und Beruf. (scheinen, sein)

9 Das ___ man psychologisch ___: Viele Eltern ___ stolz auf ihre Kinder ___. (erklären können, sein wollen)

10 Historisch gesehen ___ bei der Erziehung verschiedene Trends ___ ___. (beobachten können)

11 Nachdem bis in die 1960er-Jahre die Kinder sehr streng ___ ___ ___, ___ ab 1968 die antiautoritäre Erziehung ___. (erziehen, aufkommen)

12 Kinder ___ als gleichberechtigte Menschen ___ ___. (behandeln sollen)

13 Das Konzept ___ aber in vielen Fällen. (scheitern)

14 Somit ___ in den 1980er-Jahren die autoritäre Erziehung ___. (zurückkehren)

15 In den 2010er-Jahren ___ ein Phänomen, das aber überwiegend kritisch ___ ___: die sog. Helikopter-Eltern. (entstehen, sehen)

16 Diese Eltern ___ ihre Kinder kaum aus den Augen und ___ sie durch den ganzen Tag. (lassen, begleiten)

17 Die Kinder ___ somit keine Möglichkeit, eine gewisse Selbstständigkeit ___ ___. (haben, entwickeln)

18 Ob eine solche Erziehung den Kindern ___, ___ man ___. (helfen, bezweifeln müssen)

3 JOBSUCHE

a) Sie nehmen an einem Deutschkurs teil, der montags bis freitags zwischen 8:15 Uhr und 12:30 Uhr stattfindet. Sie sind auf der Suche nach einem Nebenjob. Suchen Sie im Internet nach Nebenjobs in Ihrer Nähe. Suchen Sie sich 1-2 Stellenangebote heraus, die zu Ihren Fähigkeiten passen.

b) Stellen Sie Ihrer Partnerin / Ihrem Partner Ihre Stellenanzeige(n) vor und sprechen Sie gemeinsam über die Anforderungen, die Sie dafür erfüllen müssen. Ist Ihre Partnerin / Ihr Partner auch der Meinung, dass der Job zu Ihnen passt?

c) Haben Sie Fragen zum Jobangebot? Stellen Sie zu zweit ein Telefonat mit der Ansprechperson nach. Stellen Sie Ihre Fragen zum Job und zum Bewerbungsverfahren.

d) Bewerben Sie sich schriftlich auf die Stelle, die Sie herausgesucht haben. Verfassen Sie ein Anschreiben sowie einen kurzen Lebenslauf (max. eine Seite). Das Anschreiben sollte zeigen, warum Sie die richtige Person für den Job sind. Der Lebenslauf sollte möglichst nur die Stationen Ihres Lebens beinhalten, die für den Job wichtig sind.

4 ENDUNGEN

Ergänzen Sie die Endungen oder machen Sie einen Strich (/), wenn die Lücke leer bleibt.

Grund zur Hoffnung? – Kaum

Sauber___ (1) Luft, rein___ (2) Wasser, gesund___ (3) Nahrungsmittel sind die Grundlage d___ (4) Leben___ (5). Aber wenn man d___ (6) aktuell___ (7) Zustand___ (8) unser___ (9) Planet___ (10) genauer___ (11) betrachtet, kann man d___ (12) Hoffnung___ (13) beinahe aufgeben. D___ (14) motorisiert___ (15) Verkehr nimmt ständig___ (16) zu, alternativ___ (17) Form___ (18) d___ (19) Energiegewinnung___ (20) werden noch zu wenig___ (21) genutzt und d___ (22) Landwirtschaft verschmutzt d___ (23) Böden durch chemisch___ (24) und biologisch___ (25) Schadstoffe. Und aufgrund d___ (26) Einsatz___ (27) von Medikament___ (28) wie Antibiotika gibt es zunehmend___ (29) resistent___ (30) Bakterien.

Doch nicht nur d___ (31) Umweltverschmutzung ist ein___ (32) groß___ (33) Problem. Auch d___ (34) global___ (35) Klimawandel bedroht Mensch, Tier und Vegetation. Schon heute gibt es zahlreich___ (36) Insel___ (37), die aufgrund d___ (38) steigend___ (39) Meeresspiegel___ (40) langsam___ (41) versinken. Gleichzeitig vertrocknen immer mehr___ (42) Region___ (43) d___ (44) Welt___ (45), weil immer weniger___ (46) Regen fällt. Das heißt, dass eigentlich___ (47) schnell wirksam___ (48) Maßnahmen ergriffen werden müssten. Doch d___ (49) Mensch tut so, als hätte er noch unendlich___ (50) viel___ (51) Zeit. Wie heißt es so schön___ (52)? D___ (53) Hoffnung stirbt zuletzt.

5 ARGUMENTATIVES SCHREIBEN: RAUCHVERBOT?

In Deutschland gilt an öffentlichen Orten mit geschlossenen Räumlichkeiten grundsätzlich ein Rauchverbot. In Schulen, Universitäten, Ämtern, aber auch in Restaurants, Kneipen, Bekleidungsgeschäften und Kinos darf nicht geraucht werden.
Wie bewerten Sie ein solches Rauchverbot? Schildern Sie dazu auch die Situation in Ihrem Herkunftsland. Beschreiben Sie Vor- und Nachteile eines solchen Verbots einerseits für die Nutzerinnen und Nutzer öffentlicher Räume und andererseits für die Betreiberinnen und Betreiber von Kinos, Restaurants usw.

6 DEUTSCHES FERNSEHEN

a) Sprechen Sie zu zweit über diese Fragen:
- Sehen Sie viel fern in Ihrem Heimatland?
- Was sind Ihre liebsten Sendungen?
- Besitzen Sie einen Fernseher?
- Haben Sie schon einmal deutsches Fernsehen geschaut?
- Welche deutschen Programme und Sendungen kennen Sie?
- Haben Sie schon einmal eine Sendung in einer Mediathek geschaut?

b) Schauen Sie zu Hause eine Fernsehsendung Ihrer Wahl auf Deutsch. Es kann eine Nachrichtensendung, eine Sportübertragung, eine Serie, ein Film oder eine Show sein. Stellen Sie sich währenddessen folgende Fragen und machen Sie sich Notizen:

- Was ist der Inhalt der Sendung?
- Vermuten Sie: Was für Leute schauen die Sendung regelmäßig?
- Was gefällt Ihnen an der Sendung? Was mögen Sie nicht?
- Haben Sie beim Zuschauen neue Wörter gelernt? Welche?

Wenn Sie keinen Fernseher besitzen, können Sie fast alle Sendungen kostenlos online in den Mediatheken der jeweiligen Fernsehsender abrufen. Manchmal ist es zum Einstieg sinnvoll, ein Programm zu schauen, das Sie schon einmal in Ihrer Muttersprache gesehen haben (z. B. eine Serie, die Sie mögen), um die Zusammenhänge schneller zu verstehen.

c) Bereiten Sie mithilfe der Fragen einen Kurzvortrag über die TV-Sendung, die Sie gesehen haben, vor (max. 5 Minuten). Halten Sie Ihren Vortrag im Kurs.

Cover: Collage © Sprachakademie Aachen; Hintergrund © imagenavi – stock.adobe.com

S. 10: links © Thinkstock/iStock/Oliver Hoffmann; rechts © Getty Images/iStock/Rome2015
S. 27: oben © Avatar_023 – stock.adobe.com; unten © Getty Images/iStock/dutourdumonde
S. 34: © asmakar – stock.adobe.com
S. 40: von oben: © Getty Images/E+/ollo; © Jelle van der Wolf – stock.adobe.com; © PMDesign – stock.adobe.com
S. 42: Buch Hintergrund © Getty Images/iStock/daboost
S. 44: oben © hercher – stock.adobe.com; unten © Getty Images/iStock/Kevin Russ
S. 44: Smartphone Hintergrund © Getty Images/iStock/kaptnali; Profilfoto: Florian Bachmeier, Schliersee; Emojis alle © Getty Images/iStock/Pingebat
S. 49: von links: © Getty Images/iStock/Viktoria Nikitina; © Getty Images/iStock/alvarez; © Getty Images/E+/alvarez
S. 56: © Thinkstock/iStock/m-imagephotography
S. 60: links © Getty Images/iStock/patpitchaya; rechts © Getty Images/iStock/geogif
S. 65: Foto © Getty Images/iStock/MissPassionPhotography
S. 68: © Getty Images/iStock/taseffski
S. 73: © Paopano – stock.adobe.com
S. 84: © Monkey Business – stock.adobe.com
S. 86: © anyaberkut – stock.adobe.com
S. 87: 1 © Getty Images/iStock/jarenwicklund; 2 © Getty Images/iStock/SIphotography; 3 © Thinkstock/iStock/AlexRaths; 4 © Getty Images/E+/tbradford; 5 © Getty Images/iStock/Mehaniq; 6 © Getty Images/iStock/interstid
S. 88: © anankkml – stock.adobe.com
S. 99: © mauritius images/Science Faction/Library of Congress-digital ve
S. 102: © Thinkstock/iStockphoto
S. 105: © Thinkstock/iStock/monkeybusinessimages
S. 108: Foto © iStockphoto/Jani Bryson; Ringe © Getty Images/iStock/frender
S. 114: © pressmaster – stock.adobe.com
S. 118: © Vlad Kochelaevskiy – stock.adobe.com
S. 120: Ü15 © gotohansel – stock.adobe.com; Ü16: A © joefotofl – stock.adobe.com; B © Getty Images/EyeEm/Anne Janen; C © Getty Images/iStock/kamisoka; D © PantherMedia/Bernhard Lelle; E © Getty Images/iStock/tolgart
S. 123: 1 © iStock/elxeneize; 2 © Getty Images/E+/spooh; 3 © fotolia/Alexander Zamaraev; 4 © iStockphoto/danielschoenen; 5 © antic – stock.adobe.com; 6 © PantherMedia/Olaf Mades; 7 © fotolia/boettcher & petoe; 8 © Countrypixel – stock.adobe.com; 9 © fotolia/andrea lehmkuhl
S. 128: 1 © Getty Images/iStock/AdamG1975; 2 © Getty Images/iStock/WilliamSherman; 3 © Getty Images/iStock/lisafx
S. 141: © Gudellaphoto – stock.adobe.com

Zeichnungen: Michael Stetter, Aachen;
Joleen Boemer, Aachen

Alle weiteren Fotos und Illustrationen: Sprachenakademie Aachen
Bildredaktion: Nina Metzger, Hueber Verlag, München